KB125283

중국과 세계가 함께 승리하는 미래 만들기

중국과 세계가 함께
승리하는
미래만들기

초판 1쇄 인쇄 2019년 1월 10일
초판 1쇄 발행 2019년 1월 12일

지 은 이 황웨이핑(黄卫平)
옮 긴 이 김승일(金勝一)·서세영(徐世榮)
발 행 인 김승일(金勝一)
디 자 인 조경미
펴 낸 곳 경지출판사

출판등록 제2015-000026호
주소 경기도 파주시 산남로 85-8
Tel : 031-957-3890~1 **Fax** : 031-957-3889
e-mail : zinggumdari@hanmail.net

ISBN 979-11-88783-77-9 03320

중국과 세계가 함께 승리하는 미래 만들기

황웨이핑(黄꼬平) 지음 | 김승일(金勝一) · 서세영(徐世榮) 옮김

경지출판사

CONTENTS

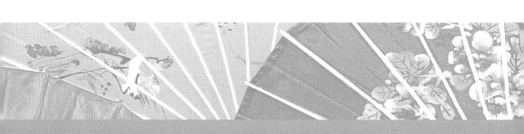

서론

세계의 트렌드는 해일처럼 덮쳐온다. 이를 따르는 자는 번성하고, 이를 거스르는 자는 망할 것이다.

1

사회발전의 기초는 경제발전이다. 모든 회생은 경제회복으로부터 시작된다.

오늘날 중국의 경제와 관련한 중국요소를 연구하는 것은 큰 의의가 있다. 중국과 기타 국가들은 어떤 방법으로 세계경제의 발전을 촉진시키고 있는가? 또한 어떤 협력을 통해 세계경제의 불안정한 요소를 없애고 있는가? 이는 각국의 정계 요인, 전문가와 학자, 기업가, 투자자들의 이익과 직접 연관되고 있으며, 모든 사람들과 밀접한 관계를 가지고 있다.

경제학은 무미건조한 숫자와 모형만으로 이루어진 학문이 아니다. 생활, 여가, 소비, 체육 등 여러 가지 측면에서 경제학의 다채로움을 발견할 수 있다. 올림픽, 월드컵 등 대형 국제 행사는 각국의 경제적 능력을 과시하는 무대이기도 하다.

2011년 남아프리카 월드컵 축구에서 처음으로 선을 보인 중국에서 생산한 부부젤라가 크게 유행된 후 국제 체육대회는 '중국산'과 깊은 연을 맺었다. 2012년 런던올림픽에서 우리는 중국언어, 중국한자, 중국식당 심지어 중국기업의 광고를 도처에서 볼 수 있었다. 런던올림픽에서 제일 큰 활약을 한 것이 바로 "Made in China"다. 국제올림픽위원회에서 발표한 통계에 의하면 런던올림픽 특허상품의 65%가 중국산이었다. 이 외에도 미국대표단의 유니폼과 개막식에 나타난 '이상한' 베레모는 중국 다롄(大連)에서 생산한 것이고, 영국 올림픽대표단 유니폼은 중국 옌타이(烟台)에서 생산한 것이었다. 이외에도 이란, 카자흐스탄 등 국가에서는 중국 브랜드의 운동 유니폼을 선택했다.

류창춘(劉長春)이 1932년에 처음으로 중국을 대표하여 올림픽에 참가한 후로부터 2012년 런던 올림픽까지의 80년간 중국의 체육 사업은 천지개벽의 변화가 일어났다. 이는 상전벽해와 같았던 중국경제에게 변화를 주었음을 말해준다.

중국의 경제발전은 세계경제의 트렌드가 되었다. 중국의 경제발전은 중국을 변화시키고 있을 뿐만 아니라 세계에도 영향을 미치고 있다. 중국과 기타 국가들은 자국의 장점을 발휘하여 세계의 경제발전에서 서로 분담 협업하고 있다. 국제화 시대에 세계는 "상호 공존하는 하나로 이어진 무역패턴"을 형성했다. 이는 자원의 최적 배분의 결과이다. 하지만 세계적인 경제 생산업무 분담에서 '중국산'에 대한 논쟁이 일어나고 있을 뿐만 아니라, '중국산'을 무역 보호주의의 재발현상이라 하는 견해도 나타났다.

우리가 주의해야 할 것은 '중국산'에 대한 대다수 서방 소비자들의 견해는 일부 극단적인 사람들과는 완전히 다르다는 점이다. 서방의 일반 소비자들에게 있어서 상품은 어디까지나 상품일 뿐 이런 소비상품에 정치라는 꼬리표를 붙일 필요가 없기 때문이다. '중국산'은 값이 싸고 품질이 좋다는 뜻으로 여겨져, 일반 소비자들에게는 실용적인 혜택으로 돌아간다. 몇 년 전 미국의 상업기자인 Sara Bongiorni는 미국 상무부의 통계표로부터 미국이 매년 중국으로부터 대량의 상품을 수입하는 것을 알게 되었다. 그녀는 가족들을 설득하여 2005년 1월 1일부터 1년 동안 '중국산'이 없는 생활을 하기로 했다.

그 후 1년 동안 Sara Bongiorni는 원래 편리했던 생활이 돌연 어려워졌음을 느꼈다. 고장 난 커피포트를 대체할 중국산이 아닌 다른 커피포트를 사지 못하자 그녀는 물을 그릇에 끓여서 커피를 타야 했다. 고장 난 믹서기는 칼날을 교체하면 되지만, 중국산이 아닌 칼날을 찾을 수가 없었다. 중국산이 아닌 상품을 찾기 위해 그녀는 대량의 시간을 허비해야 했으며, 더 많은 돈을 지불해야 했다.

1년 후 그녀는 자신의 체험담을 적은 『'중국산'없이 한 해 살기』라는 책을 출판했다. 그녀는 책에서 다시는 이런 경험을 시도하지 않을 것이라고 했다. 그녀는 미국에서 판매하는 대부분의 일반 소비품은 중국에서 제조한 상품이라고 했다. 그녀는 '중국산'이 일반 미국사람들 특히 중저(中低)가 상품을 구입하는 가정에서는 이익으로 돌아간다고 적었다.

미시적인 "Made in China"는 구체적인 '중국산'을 말하고, 거시적으로는 중국경제를 이르는 말이기도 하다. 런던올림픽이나 미국 혹은 전 세계 일반 소비자들이 '중국제조', '중국상품'을 선택하는 것은 누구의 허락과 승인이 필요 없다. 이런 현상은 '중국제조','중국상품','중국경제'를 인정하고 있음을 말해준다.

2

최고의 시절이지만 최악의 시절이었다. 지혜의 시대이면서 어리석음의 시대이기도 했다. 믿음의 시대이면서 불신의 시대였다. 빛의 계절이면서 어두움의 계절이었다. 희망의 봄이면서 절망의 겨울이었다. 200년이 지난 현시대는 여전히 디킨스 글과 같은 모순으로 가득한 시대의 교차로에 서 있다. 미래의 높이는 여전히 오늘날에 살고 있는 우리의 선택에 달려 있다.

'중국 제조'·'중국 상품'과 중국경제, 그리고 지구의 동방에서 일어나고 있는 중국의 부흥을 이성적으로 현실적으로 이해해야만 한다. 왜냐하면 이는 어느 한 국가의 논제가 아니라 전 세계적인 화제가 되었기 때문이다. 지난 한 세기 동안 발전도상국이 세계의 경제대국으로 인정받는다는 것은 결코 쉬운 일이 아니다. 백여 년간 온갖 풍파를 겪은 중국은 30여 년의 시간을 들여 전력으로 나라를 발전시켰다. 중국은 세계경제의 무대에 오르게 되었으며, 세계경제에서 중요한 역할을 하고 있다. 사람들은 여러 가지 각도에서 오늘날 중국의 발전방식을 평가할 수 있다. 하지만 몇 가지 주의해야만 할 문제가 있다.

첫째, 중국은 문호를 봉쇄하는 쇄국정책 대신 대외개방을 견지했다는 점이다. 주도적으로 개방적인 자세로 세계경제와 통합하려고 노력했다. 중국경제는 각국의 경제와 서로 유익한 상호작용을 보여주었다는 점이다.

둘째, 중국은 계획경제 대신 시장경제를 선택했다는 점이다. 사회주의 시장경제의 운행과정에서 중국은 특유의 고효율이면서 통일된 정책 제정 및 집행능력의 우위성을 보여주었던 것이다.

 셋째, 양호한 정책과 제도는 부지런하고 용감하며 고생을 두려워하지 않고 어려움을 참고 견디는 중화민족의 민족성을 아낌없이 보여주었다는 점이다. 천부적 장점인 인력자원은 합리적으로 재배치되었다. 풍부한 노동력 자원은 재부를 창조했으며, 전 세계 소비자들에게 더욱 큰 혜택을 가져다주었다.
 체제나 정책 혹은 실행과정에서 중국은 끊임없는 노력으로 세계 트렌드에 적응했다. 중국 경제의 발전은 역사의 필연이 아니다. 중국경제의 성장이 중국 사람들에게 어떤 영향을 주는 지는 말하지 않아도 모두가 잘 알고 있다. 그렇다면 중국경제의 발전이 세계에 어떤 의미로 존재하는가? 이를 한마디로 설명하는 것은 어려운 일이다. 중국경제는 중국과 세계에 '좋은 시대'를 열어 주었는가? 아니면 '나쁜 시대'를 가져다주었는가?
 중국경제를 평가하는 데서 중요한 문제는 평가표준이라고 할 수 있다. 아래의 두 가지를 표준으로 해보자. 1) 인성. 어떤 경제의 발전이든 만약 사람의 발전에 유익한 점이 없다면 이런 경제발전은 '좋은 발전'이 아니다! 인류사회의 발전은 언제나 인간의 발전으로 나타나야 하는 세계적 보편화 특점을 가져야 한다. 2) 글로벌 공동의 이익. 어떠한 경제의 발전이든 자기 나라에게만 유익하고 기타 지역과 국가에 유익하지 않는다면, 이런 경제발전은 '좋은 발전'이 아니다. 경제발전은 서로 얻는 것이 있어야 하고 서로 유익해야 한다.

 첫 번째 표준에 따른 중국의 경제발전과 '사람 발전'과의 관계 : 경제연구는 생산요소 연구로부터 시작할 수 있다. 생산요소는 사회생산 경영 활동에 필요한 각종 사회자원인 토지, 자연자원, 노동력, 자본, 과학기술, 지식 재산권, 정보, 기업가 재능 등 여러 가지가 포함된다. 아담 스미스, 데이비드 리카도 등 서방의 고전경제학 대표자나 마르크스는 모두 노동 가치론을 주장했으며, 경제성장에서 노동의 작용을 강조했다.

2011년 중국의 1인당 GDP는 35,198.57위안(5414달러)이고, 도시 주민 개인 가처분 소득액은 23,979위안이었다. 비록 세계적 순위에서 높지는 않지만, 중국 개혁개방 초기인 1979년 1인당 GDP인 416위안과 387위안의 도시 주민 가처분 소득과 비교할 때면 증가폭과 지속성장의 시간은 세계의 앞자리를 차지한다.

중국경제의 발전은 고전경제학에서 주장하는 노동가치론의 존재 이유를 증명하였을 뿐만 아니라, 마셜이 『경제학 원리』에서 언급한 기업가 재능의 중요성도 인증해주었다. 일반 노동이든 기업가의 재능이든 모두 '사람'이라는 요소와 관련된다. 중국경제의 천부적인 자원은 자연자원이나 자본이 아닌'사람'이다! '사람'이라는 요소는 중국경제의 발전과정에서 결정적인 작용을 했는데, 이 또한 '사람'이 전면적으로 발전하는 과정이었다.

첫 번째 표준에 따른 중국의 경제발전과 세계경제발전의 관계 : 글로벌 이익의 측면이라는 점에서 볼 때, 30여 년간의 발전을 거친 중국경제 특히 세계무역기구에 가입한 10년 동안은 중국 요소가 세계경제를 움직이고 있다고 말하기 보다는 세계 각국의 경제와 서로 보충 보완하고 성공과 좌절을 함께 하는 선순환을 형성했다고 볼 수 있다. 중국의 경제발전은 유아독존을 희망한 적이 없었다. 중국경제의 발전은 세계경제와 함께 발전하고 있다.

프랑스 고전경제학가인 케네는 『경제표』에서 경제의 순환을 강조했다. 그는 경제의 순환을 인체의 혈액 순환계통에 비유했다. 생산과 소비 및 생산 각 부문, 각 지구, 각 나라 사이의 선순환은 경제를 안정시키고 경제성장을 가져오게 한다. 반대로 모든 경제적 위기는 정상적인 경제순환이 파괴되었기 때문에 나타나는 결과이다. 중국의 경제발전은 줄곧 세계경제와 융합되어 서로 작용을 하고 있다. 지금의 중국경제는 세계경제의 일부분이 되었으며, 중국경제와 세계경제는 선순환을 형성하고 있다. 이와 같이 영광을 함께하고 상대의 발전을 수용하는 중국경제의 패턴이기에 중국경제는 지속적으로 성장할 수밖에 없는 것이다.

중국경제는 자신의 '좋은 시대'를 열었으며, 전 세계의 '좋은 시대'의 문도 열어 주었다. 이는 사람이나 글로벌 이익으로 중국경제를 고찰하여 얻은 결과이다.

중국의 경제발전이 세계에 준 변화는 여러 면에서 찾아 볼 수 있다.

첫째, 중국 상품은 전 세계 소비자들에게 실제적인 혜택을 가져다주었을 뿐만 아니라, 장기적으로 서방의 경제발전을 저해하고 있던'침체현상'을 해소시켜 주었다. 중국의 수출 상품은 세계 각 지역 특히 미국의 인플레이션을 낮추어 일반 소비자들에게 복리로 돌아가게 했다. '중국산' 의복, 신발, 모자, 생활용품이나 전자제품은 대다수 미국인들 생활의 일부분이 되었다. 중국 주재 미국대사관의 통계에 따르면, 지난 10년간 미국에 수출된 중국 상품은 미국 소비자들의 소비를 6,000여 억 달러를 줄여 주었다고 한다. 이는 매 미국 가정의 가처분 소득액을 약 1000달러나 늘어나게 한 셈이다.

둘째, 중국의 제조업은 미국 제조업의 '공동화(空洞化)'로 인한 공급부족을 완화시켜 주었고, 미국의 경제구조를 조정케 하는 조건을 창조해 주었다. 이는 미국의 첨단기술, 벤처기업 등 신흥 산업이 뒷걱정 없이 빨리 발전할 수 있도록 하는 좋은 영향을 미쳤다. 방대하고 고효율적인 중국의 제조업은 전 세계의 금융자본이'서식'할 수 있는 장소가 되었고, 중국시장에 진입한 외자 금융회사에게는 큰 이윤을 얻게 했다. 통계 수치에 따르면 최근 10년 동안 중국은 총 1조 달러의 외자를 활용했다.

셋째, 중국시장의 규모와 중국시장의 움직임은 다국적기업의 글로벌 구조를 좌우했을 뿐만 아니라, 다국적기업의 발전을 촉진시켰다. 중국 시장은 국제산업의 주요 구성부분이 되었다. 중국은 국제적인 생산·구매 등에서도 중요한 역할을 한다. 적지 않은 다국적기업은 중국에 공급 라인을 건설했다. 이러한 변화는 기업의 글로벌 전략에서 절대적으로 대체불가한 부분이다. 오늘날에 이르러 거의 모든 다국적기업의 설계, 구매, 생산, 판매 등 일련의 업무는 중국시장을 떠나서는 완성할 수 없게 되었다.

마지막으로 중국의 수요는 국제적 상품가격에 영향을 주며, 국제적 상품가격을 안정시키는 역할을 하고 있다. 또한 중국의 수요는 세계의 경제성장을 촉진시킨다. 강철업을 예로 들면, 10년 전 중국의 철광석 수입량은 9,230만 톤에 달했다. 그 후의 수입량은 매년 증가하여 2008년에 이르러 4억 톤으로 증가하였고, 2011년의 철광석 수입량은 6억 톤에 달해 세계에서 제일 큰 철광석 수입국이 되었다. 오스트레일리아, 브라질, 캐나다, 중동, 동아시아 등 자원이 풍부한 나라들은 대량의 원자재와 에너지 자원을 중국으로 수출하여 안정적인 외화의 수입 내원이 되었다.

3

중국경제의 발전은 역사의 발전과정이다. 1947년부터 중국경제의 발전은 명확하게 두 개의 단계로 나눌 수 있다. 1978년은 저명한 중국계 경제학가인 쩌우즈좡(鄒至庄) 교수가 제기한 "The Chow's Test[01]"의 분계 시점이다. 이전의 중국은 상대적으로 폐쇄적이고 경제발전이 상대적으로 느렸던 시기였고, 이후의 중국은 전면 개방과 더불어 경제가 지속적으로 발전하고 실력이 부단히 증가하였으며, 인민들의 생활이 날로 제고되어 갔던 시기였다. 이후의 시기에 중국의 국제적 지위는 점차 높아졌고, 세계경제에 더욱 큰 영향력을 미치게 되었다.

중국경제의 전환 연대는 바로 1978년이다! 이 해 12월 제11기 중앙위원회 제3차 전체회의에서는 개혁개방을 국가의 기본정책으로 확정지었다. 1979년 덩샤오핑(鄧小平)은 미국을 방문했다. 중미 양국은 워싱턴에서 역사적인 만남을 가졌다. 당시 싱가포르의 총리였던 리콴유(李光耀)는 이 소식을 듣고 격동된 어조로 "이제 중국의 대문은 다시 굳게 닫히지 않겠군 그래!"라고 말했다.

약 10년이 지난 1999년 장쩌민(江澤民)은 당시 미국 대통령 클린턴과 전화로 회의를 하면서 중국과 미국은 세계무역기구 가입을 위한 담판을 재개했다. 2년 뒤 중국은 정식으로 세계무역기구에 가입했다. 1년 후 미국 세계무역 담판대표 Charlene Barshefsky는 워싱턴에서 진행된 한

---

01) The Chow's Test : 서로 다른 데이터 집합에 대한 두 선형 회귀 분석의 실제 계수가 동일한지의 여부를 테스트하는 것. 즉 회귀 계수가 분할된 데이터 세트에 대해 다른지의 여부를 알려주는 것으로, 기본적으로 하나의 회귀선 또는 두 개의 개별 회귀선이 분할된 데이터 집합에 가장 적합한지의 여부를 테스트하는 것.

세미나에서 이렇게 말했다. "글로벌 무역과 투자방식에 나타난 제일 큰 변화는 중국경제의 발전이다. 이 변화는 100여 년 동안의 세계경제 무역패턴에서 나타난 제일 큰 변화이다. 중국은 새로운 아시아의 모습을 만들어 가고, 전 세계의 경제성장을 촉진해줄 것이다. 또한 세계적 범위에서 국제의 정치적 영향력의 현황을 변화시킬 수도 있을 것이다."

대략 10년이 지난 후인 2008년 워싱턴에서 열린 G20 정상회담에 중국 국가 주석인 후진타오(胡錦濤)가 참가했다. 후진타오는 회의에서 각국의 정계 요인들과 글로벌금융의 체제개혁을 토론했다. G20 정상회담이 열리기 직전, 프랑스의 전 총리 자크 시라크는 "금융위기나 기후변화 혹은 에너지 자원 등 글로벌 문제에서 중국의 참여가 없는 토론은 큰 의미가 없다"고 강조했다.

새 중국 성립 후, 특히 개혁개방 이후 30년간의 경제발전을 통해 중국은 피동적으로 외부의 영향을 받아들여 전 세계의 선진적인 생산력과 선진문명의 성과를 흡수했으며, 세계의 번영과 안정을 위해 큰 공헌을 하고 있다.

지금 어떠한 나라도 중국의 발전을 경시할 수는 없다. 누구도 중국이라는 큰 시장을 포기하려는 다국적기업은 없다. 또한 경제를 연구하는 모든 학자들에게 중국의 영향은 영원한 연구과제이다. 세계의 발전패턴에는 중국의 발전이 필요하며, 세계의 균형은 중국의 파워가 필요하다.

중국은 서방 나라들이 이해하기 어려운 경제적 성과를 거두었다. 중국의 발전은 기타 국가의 경제발전에 참고 가능한 경험을 제공해주고 있다. 사람들은 세계경제 발전 트렌드의 시작에 개입하는 중국을 주의하게 되면서 30여 년간 변화 발전되어 온 중국에 관심을 보이기 시작했다.

중국의 경제발전을 이해하면, 중국과 세계의 앞날은 긴밀하게 연계되어 있으며, 중국의 이익이 바로 세계의 이익이고, 세계의 이익 역시 중국의 이익이라는 결론을 얻을 수가 있다. 이처럼 중국과 세계는 서로 영향을 미치고 있는 것이다. 중국경제의 지속적인 성장은 세계 정치경제의 구조에 영향을 주고 있으며, 기타 나라들에게는 새로운 발전기회를 제공해주고 있다.

위대한 시대가 시작된 것이다. 이 시대가 바로 중국과 세계가 선의적인 영향을 주는 시대인 것이다.

4

개혁개방 30년 동안 중국은 활력이 넘치는 사회주의 시장체제 건립을 완성했다. 중국경제는 지속적으로 세계의 평균 성장속도보다 높은 성장률을 유지하고 있으며, GDP와 1인당 GDP도 대폭적인 상승을 가져왔다. 세계의 경제무대에서 중국의 지위는 근본적인 변화를 가져왔으며, 세계경제성장을 이끄는 주요한 경제력의 하나로 되었다.

중국의 부흥은 세계의 관심사가 되었다. 놀라운 발전을 보여준 중국에 대한 연구는 새로운 학술연구 과제로 급부상했다. 하지만 중국의 부흥에 대한 관심과 연구는 시종 강렬한 정치적 색채를 띠고 있다.

여러 가지 원인으로 국제사회는 오랫동안 중국의 경제발전 과정과 발전양식에 대한 이해와 인식이 부족했다. 값싼 노동력론, 외자 추동론, 수출 촉진론, 권위적인 정부 등 중국 경제발전의 한 가지 특징으로 전반적인 면을 논하거나, 어느 특정적인 일부로써 전반적인 상황을 해석해 왔다. 그렇기 때문에 중국의 경제발전에 대한 전면적이고 정확한 해석이 부족한 것이다.

중국의 지속적인 발전이 전 세계에 복리로 연계되고, 중국의 경제발전으로 용기를 얻는 시점에서 일부 국제매체에서는 중국의 경제발전 양식을 부정하거나 중국의 경제발전은 중국이라는 특정적인 역사 환경에서만 가능하다고 했다. 더불어 '중국 붕괴론'과 '중국 위협론'도 제기되고 있는 것이다.

중국의 개혁개방 30년 이래 경제발전과 더불어 나타난 이런 저런 목소리와 함께 국제사회는 중국의 발전에 서로 다른 견해를 가지게 되었다. 개혁개방으로 단련된 중국 사람들도 이러한 이유를 알고 있다. 중국의 경제발전을 이해하고 인정하는 것은 장기적이고 복잡한 과정이다. 발전 중의 중국은 당연히 이런 저런 문제에 직면하게 될 것이다. 격려하는 응원과 여러 가지 쓸데없는 소리도 따르게 될 것이다. 이는 중국 특색이 있는 발전을 견지하려는 중국 사람들의 의지를 시험하는 고험(考驗)이 될 것이며, 세계의 이해를 위한 인내심을 단련시키는 시험대이기도 할 것이다. 모든 사람들이 중국의 부흥을 이해해주기를 바라는 것은 아니다. 하지만 중국은 반드시 더욱 많은 사람들의 이해와 믿음을 얻게 될 것이고, 더욱 많은 친우들이 중국과 손을 잡고 세계의 평화·인류의 번영을 위해 더욱 큰 공헌을 하리라고 믿는다.

사실 중국의 경제발전은 '중국 붕괴론'과 '중국 위협론'의 중국이 아닌 세계와 어울리도록 노력하는 중국으로 만들었고, "발전만이 진리다"라는 신조를 견지하게 했다.

개혁개방 30여 년간의 발전과정 속에서 중국은 붕괴하지 않았을 뿐만 아니라, 중국은 어느 누구에게도 위협을 주는 국가가 아니라는 것도 증명해주었다. 중국의 부흥은 지속적인 중국의 경제발전을 주선율로 발전하는 과정이다. 이는 세계 트렌드와 역사의 객관법칙에 부합되는 것이다. 중국의 발전은 GDP의 성장으로 표현되며, 충효(忠孝), 인애(仁愛), 신의(信義), 평화(和平)를 핵심으로 하는 중화문화의 부흥과 함께 성장하는 과정이다. 중국의 발전은 세계평화를 위한 그룹의 역량을 강화시킬 것이다. 30여 년간 지속된 중국의 경제성장은 세상에 신선이나 하나님이 없으며, 경제의 발전은 어느 구세주에 의해 실현되는 것이 아니며, 세상에 통용되는 경제발전 양식과 절대적으로 정확한 경제발전 패턴은 존재하지 않다는 것을 증명해 주었다. 합리적인 것은 계속 존재하게 되고, 계속 존재한다는 것은 합리적인 것임을 의미한다. 실사구시를 견지하고, 자국의 국정을 기초로 하고, 국민을 근본으로 하며, 자국의 국정에 적합한 발전을 하는 것은 과학적인 발전인 것이다. 중국이 경제적 방면에서 성과를 얻을 수 있었던 원인은 바로 중국 특색의 발전을 견지하고, 국민을 근본으로 하는 과학적인 발전관을 견지했기 때문이다.

역사는 중복되지 않는다. 하지만 놀라울 징도로 비슷하다. 500년 전 유라시아대륙의 서부에서도 문예부흥이 일어났었다. 오늘날 유라시아 대륙의 동부는 새로운 위대한 부흥을 실천하고 있다. "남들이 뭐라고 하던 나는 나의 길을 갈 것이다." 이는 유럽 문예부흥의 발자취를 대변해 주는 말이다. 또한 이는 중국의 경제를 묘사한 말이기도 하다.

5

중국의 부흥은 버림의 결과이고, 개방의 결과이며, 집결의 결과이다. 중국의 발전은 중국 전통사상 문화의 정기를 기초로 한 것이고, 세계의 선진 생산력과 문화를 조건으로 세계 트렌드를 탐구하고 순응하는 과정이며, 세계의 발전에 적합한 창조적인 발전양식이라고 할 수 있다.

중국의 부흥은 전면적인 것이고, 경제발전은 중국 부흥의 주선율이다. 중국의 경제성장을 전면적으로 종합하고, 중국의 경제발전을 정확하게 해석하여 중국의 경제발전에 대한 그릇된 인식을 해소시키는 것은 중국의 완정(完整)한 발전에 유리할 뿐만 아니라, 세계 여러 발전도상국에서 그들의 국정에 적합한 발전양식을 탐색케 하는데도 유리한 것이다. 동시에 이는 발전경제학 내용을 풍부하게 해주며, 경제학 내용의 전문성을 더해준다고 할 수 있다.

나라의 경제발전은 소수 민주주의 정서의 급상승이라는 인상을 주며 패권의 확장을 의미한다. 하지만 이는 세상 모든 경제발전의 보편적인 규칙은 아니다. 무엇보다도 이런 감성적인 인식은 의심할 필요가 있는 것이다.

중국은 역사적으로 '예(禮)'와 '의(義)'를 지향해 왔다. 이런 중국은 '예의지국', '겸손의 나라'라는 별명을 가지게 되었다. 실크로드를 통해 수출한 것은 중국의 비단·도자기·문화 일뿐 확장은 아니었다. 정화(鄭和)의 대원정은 중국의 선진적인 농경기술과 방직기술을 전파하였을 뿐 침략이 아니었다. 중국이라는 이름은 평화 그 자체이다.

역사를 존중하고 현실에 대한 관찰을 통해 중국 경제발전의 본질이 지속적으로 세계평화 의 역량을 강화시키는 것으로 나타나는 것임을 알 수 있다. 즉 중국의 역량은 평화의 역량인 것이다.

중국은 최근에 '아니(NO)'라는 말도 할 수 있게 되었다. 중국이 '아니'라고 부정할 수 있다는 것은 한참 동안 유행되기도 했다. 먼저 중국이 '아니'라고 하는 것은' 부정하고 반대를 위한 '아니'가 아니라는 것이다. 다음은 반대하고 싶어서 '아니'를 외치고 반대하기 위해서 반대를 하는 것인가 하는 점이다. 다음은 중국이 '아니'라고 하는 것이 중국경제가 발전했기 때문에 '아니' 라고 할 수 있는 것이 '아닌' 경제가 발전하지 않았어도 '아니'라고 할 수 있는가 하는 점이다. 새 중국이 성립하던 초기 중국의 국내경제는 침체되어 있었고, 경제적 실력도 변변치 않았지만 패권과 강권을 향해서는 '아니'라고 했던 것이다.

세계와 지역의 평화에 불리한 것에 중국은'아니'라고 했으며, 세계와 지역의 번영에 불리한 것에 대해 중국은 '아니'라고 반대하고 나서는 것이다. 중국경제가 지속적으로 발전하는 과정은 국제평화와 안전 역량이 강대해지는 과정이라고 할 수 있다. 중국은 세계가 정확하게 중국경제의 지속적인 발전과 부흥을 할 수 있도록 대해 주기를 바라며, 중국도 더욱 넓은 가슴과 태도로 다른 나라의 발전을 대해 줄 것이다. 중국은 더 많은 친우들이 중국경제의 발전을 이해하고 인정해 줄 것이라고 믿으며, 인내심을 가지고 기다릴 것이다.

6

국제경제의 패턴과 자연의 패턴은 본질적으로 다르지만, 모두에게는 균형이 필요하다. 균형·질서·절제는 모든 체계의 정상적인 운행을 보장해 준다.

균형은 자연계의 생태 평형을 유지시키고, 만유인력 하의 천체 운행을 보장해준다. 경제가 정상적으로 운행할 수 있는 기초가 바로 균형이다. 균형이 파괴되면 순환이 멈추게 된다. 순환이 없다면 유통과 교환이 없기에 생산과 소비에 영향을 미친다. 물론 이런 균형은 운동 중의 균형을 말하는 것이지, 정지된 균형을 의미하는 것은 아니다. 균형은 파괴될 수도 있다. 하지만 균형이 장기적으로 파괴되면 경제의 순조로운 운행은 어렵게 된다.

오늘날 국제경제의 패턴에서 볼 때 미국이 금자탑의 제일 높은 자리에 위치해 있다. 국제경제 패턴의 최고봉은 미국이며, 그 아래에는 유럽, 일본 등의 선진국들이 뒤를 잇고 있다. 제일 아래에 위치한 나라들이 바로 발전도상국과 신흥 시장경제 국가들이다.

자연계 먹이사슬의 제일 상위에 있는 동물인 사자는 초식동물을 잡아먹는다. 하지만 이런 동물의 왕들도 탐욕스럽게 모든 초식동물을 멸망의 변두리에 이를 정도로 잡아먹지는 않는다. 물론 이는 그들이 그렇게 많은 초식동물들을 잡아먹을 수 없기 때문이기도 하다. 이처럼 자연계에서 육식동물과 초식동물, 초식동물과 식물 사이의 균형이 자리 잡고 있기에 자연계는 끊임없이 생장하고 번성하면서 순환할 수 있는 것이다.

하지만 동물의 왕인 사자의 욕심은 월가의 탐욕과 야심과는 비교도 안될 정도로 많다. 월가는 미국을 선두로 하는 국제자본의 대명사이다. 국제자본은 탐욕스런 인성의 자본화를 말한다. 낡은 식민주의는 강한 무력으로 자신을 무장하여 세계적인 약탈을 진행했다면, 신 식민주의는 화폐를 이용한다. 그들은 현대의 금융을 이용하여 자본시장에서 교묘하게 자금을 갈취하고 있는 것이다.

국제자본의 능력은 느슨한 외화관제, 자본이 자유로 유동할 수 있는 금융체제 및 글로벌화의 상호협력이 필요한데, 이런 기회가 오게 되어 있다.

1997년 국제자본은 아시아 신흥국가의 급속한 확장, 외화보유액이 부족한 약점을 이용하여 아시아의 4마리 작은 용(四小龍)과 5마리 작은 호랑이(五小虎)가 수십 년 모아온 재부를 약탈해갔다. 지역경제가 위기에 직면했을 때 중국이 구원의 손길을 내밀어 인민폐의 가치 하락을 막았다. 동시에 한국과 동남아 사이의 상품을 대량으로 수입해 그들이 경제위기를 넘기게 하여 경제의 평형을 회복시켜 주었고 경제가 성장할 수 있도록 해주었다.

그 후로 약 10년이 지난 후인 2008년에 국제자본은 방법을 바꾸어 더 큰 규모의 금융위기를 일으켰다. 그들은 교묘하게 자신들의 서브프라임 모기지론 위기를 국제적 위기로 둔갑시켜 금융위기가 유라시아 지구에서 일어나게 했다. 이 가상경제의 위기는 실체경제에 영향을 미치게 함으로써 세계경제는 위기에 처하게 되었는데, 이때 중국은 다시 한 번 세계의 경제를 안정시키는 중요한 작용을 했다.

세기가 교차되는 시기에 발생한 심각한 금융위기에 글로벌 경제의 균형은 심각할 정도로 파괴되었다. 이 금융위기는 월가의 탐욕을 남김없이 보여주었고, 글로벌 경제를 안정시키는 중국의 작용도 알려 주게 되었다.

월가는 타고난 탐욕을 지니고 있으며, 세계경제의 균형을 파괴하는 과정에서 엄청난 이윤을 챙겨 갔다. 월가가 탐욕을 버리기를 바라는 것은 소가 경 읽기를 바라는 것과 다름없다. 육식동물이 고기를 버리고 채소만 먹기를 바라기보다는 적극적으로 새로운 국제경제 질서를 건립하는 것이 바람직하다. 또한 세계는 경제적 균형을 위해 적극적으로 작용을 발휘하는 중국의 역량을 희망하고 있다. 지금 국제경제의 패턴을 유지할 것인가? 아니면 변화시킬 것인가? 하는 문제는 매우 중요하다. 오늘날 세계의 트렌드는 월가의 국제자본 뜻대로 변하지는 않게 되었다. 우리는 바로 이런 세계를 기대하는 것이다.

국제적 금융위기는 사라지지 않는다.

하지만 중국의 역량은 세계경제의 위기를 잠재울 수가 있다. 금자탑

모양의 국제경제 패턴이 균형 있는 구조로 변화하는 것은 말로만으로는 실현되지 않는다. 하지만 중국의 요소는 발전도상국의 국제경제 균형에서 적극적인 역할을 할 수 있도록 적극적인 영향을 미치고 있다.

7

아담 스미드가 주장한 국제 분담 및 국제무역으로부터 시작해서 효율적인 자원 분배, 지속적인 경제 발전, 부단히 성장하는 인류 복지는 모든 경제학자들의 공동목표이다.

금융위기, 주가폭락, 환율파동, 채무위기, 빈부차이의 확대, 생태계 악화, 지역 충돌 등의 소식이 보도될 때마다 경제학자들뿐만 아니라 세상의 모든 공민 모두는 빈부차이를 줄일 수 있는 방법, 글로벌 경제의 균형적인 성장, 인류의 공동복지를 지속적으로 제고시킬 수 있는 방법을 생각하도록 된다.

지금 세계에 나타난 여러 가지 문제는 새로운 국제경제 패턴과 새로운 국제경제 질서를 요구하고 있다.

오랜 시간 동안 세계의 경제는 낮은 성장률을 기록하면서 주로 구조조정만을 진행해 왔다. 무역에 대한 통합적인 조절과 함께 마찰과 충돌이 자주 발생했다. 사람들은 중국 요소는 글로벌 경제성장을 안정시키는 요소이고, 중국의 경제성장과 중국의 부흥은 국제경제의 새로운 패턴과 새로운 질서를 건설하는 관건이며, 중국의 역량은 국제경제 패턴에서 중요한 평형작용을 한다고 여기게 되었다. 공유형 경제성장 패턴은 아마 지금의 세계경제 모순을 해결하는 제일 좋은 선택일지도 모른다.

공유형 경제는 내부적으로 국가와 민중의 복리가 조화롭게 성장하고,

국가의 경제정책이 사회 생산력 제고에 적극적인 영향을 미치게 한다는 기초 위에서 즉, 경제발전 패턴의 업그레이드와 전형의 기초에서 점차 사회적 재부를 공유할 수 있는 체제를 건설하여 인민들의 생활수준을 향상시킨다.

대외적으로 공유형 경제는 선진국과 발전도상국의 공동 성장을 가능하게 한다. 부유한 나라에서만 불을 켜고 가난한 나라에서 촛불도 켜지 말라는 '대패왕(大霸王)'식의 경제발전은 세계 범위에서 발을 붙이기가 어렵다. 다시 말하면 '패왕경제'에서 잠깐 나타나는 시장은 있을지 몰라도 영원한 시장은 존재하지 않는다는 것이다.

이 책을 통해 국내외의 많은 독자들이 중국의 경제발전 특징과 미래 세계경제에서의 중국의 작용을 이해하기를 바란다. 또한 세계경제에서 바라보는 중국의 희망적인 미래를 공유해 보고자 한다. 물론 이런 작용을 생각하면서 글을 쓴다기보다는 자료를 모으고, 분석하고, 연구하며 추리하고 유추하는 과정이 창작의 재미라고 여긴다. 창작의 재미를 추구하다 보면 원래의 생각을 버리고 수치와 사실로 결과를 이야기 하게 될 것이다.

책을 마무리 하게 되면서 사실과 숫자는 중국 부흥이 세계의 트렌드이며, 중국의 역량은 세계경제의 균형을 잡는 힘이며, 공유형 성장은 세계의 트렌드라는 점을 발견했다. 책을 통해 알리려는 내용과 책을 써 내려가는 과정을 통해 얻은 결과는 같았다.

독일의 전도사 알버트 슈바이처는 "낙천주의자는 모든 장소에서 청신호밖에 보지 않는 사람이다. 비관주의자는 붉은 정지신호밖에는 보지 않는 사람이다. 그러나 정말 현명한 사람은 색맹이다"라는 말을 했다. 이 말을 해석하면 30여 년간 중국경제를 이끈 추진자, 영도자, 참여자,

외치는 자, 생각하는 자, 의문을 제기하는 자, 비판하는 자 모두가 현명한 사람들이라는 점이다.

마지막으로 우리는 오늘보다 더욱 나은 내일을 기대하고 있다! 세계와 중국경제의 미래가 더욱 나아지기를 희망하는 바이다!!

제1부분
숫자와 사실

제1부분
숫자와 사실

세계경제 "용과 함께 춤을"

 '문외한'에서 '주인공'으로 : 중국의 WTO 가입은 세계경제의 천평(天秤, 저울)을 흔들어 놓았다.

 개혁개방을 시작해서부터 중국은 세계경제의 룰을 따라 진행했을 뿐이 룰을 깨뜨리려고 하지 않았다. 또한 중국은 경제를 고립시키지 않고 주도적으로 세계경제에 참여했다.

 1986년 7월 11일 중국은 정식으로 가트(GATT-General Agreement on Tariffs and Trade-관세 및 무역에 관한 일반협정) 회원국 지위를 회복해줄 것을 요구했다. 이렇게 새 중국은 8년 동안 '가트 회원국의 지위 회복'을 위해 노력했다. 1995년 1월 1일에 세계무역기구(WTO-World Trade Organization)가 성립된 후 중국은 7년 동안 세계무역기구 가입을 위해노력했다.

 2001년 11월 11일 카타르 수도 도하 시간으로 저녁 6시 정각, 베이징 시간으로 11월 12일 새벽 0시 30분에 도하 쉐라톤 호텔에서 당시 중국 대외경제무역합작부 부장이던 스광성(石广生)은 중국 대표단을 대표하여 세계무역기구 법률부 부장이 준비한 문서에 정식으로 서명했다. 30일

후 중국은 정식으로 세계무역기구의 제143번째 회원국이 되었다.

당시 세계무역기구 사무총장인 Michael Kenneth Moore은 중국의 WTO 가입 서명식에서 이렇게 말했다. "우리는 중국이 경제발전 과정에서 영도작용을 해주기를 바란다. 취업기회는 줄어들고 세계경제의 발전은 점점 줄어들고 있다. 중국의 WTO 가입은 중국뿐 아니라 세계적으로도 의미 있는 시작이다." 만 리길도 첫 걸음부터 시작된다. 중국이 국제무역기구에 가입한 것은 우여곡절이 유난히 많았던 마라톤식 WTO가입 담판이 끝났음을 의미할 뿐만 아니라, 중국이 더욱 넓은 가슴으로 더욱 강한 의지로 더욱 빠른 발걸음으로 경제의 국제화 트렌드와 융합되는 시대가 시작되었음을 의미한다.

WTO의 투명화 요구에 따라 입법의 투명도를 높이기 위해 중국은 과감한 개혁을 실행했다. 중앙의 법률로부터 30개 정부 부문의 3000여 개 법규, 19만개 지방 규범제도까지 모두 정리되고 조정되었다. 외부의 압력은 중국정부 역할의 변화를 가속화시켰다. 중국경제가 걸어온 길을 되돌아보면, 이런 변화과정에서 나타난 곤란과 성과는 숫자로만 평가하기는 어렵다.

WTO 가입으로 인해 중국은 방관자로부터 참여자가 되었다. 중국은 글로벌 무역이라는 큰 게임에 참여하여 '운동선수'와 '심판'이라는 이중 신분을 이행했다. 이 게임의 규칙 제정에 참여하게 되면 무역 담판과 정책 심사과정에서 더 많은 발언권을 가지게 되며, 글로벌 무역이 가져다주는 유익한 혜택을 더 많이 얻게 된다.

라인 밖에서 공을 주어다 주는 역할을 하던 중국은 점차 성장하여 세계가 주목하는 스타가 되었다. 이는 순차적으로 발전해온 과정이며, 무에서 유를 창조하는 과정이기도 했다.

중국이 WTO에 가입하여 한 달도 지나지 않아 WTO 제4차 부장급 회의가 도하에서 진행되었다. WTO 가입 후 중국의 회원 신분은 한 달이라는 시간이 지나서야 인정되기에 중국은 관찰원의 신분으로 회의에 참가했다. 미국과 유럽연맹 등 선진국들과 인도를 위주로 하는 발전도상국이 도하에서 격렬한 토론을 벌일 때 스광성은 쇼핑에 나섰다. 당시 중국의 대외경제무역합작부 부부장 겸 수석 담판대표인 룽용투(龍永圖)는 수영장에서 휴식을 취했다. 룽용투는 당시 상황을 "WTO 담판은 일부 사람들이 담판에 참여하고 대다수 사람들은 커피를 마시고 있었다"라고 묘사했다.

2005년 WTO 제6차 부장급 회의가 중국 홍콩에서 진행되었다. 중국은 32명 회원이 참가하는 7차례의 "그린룸 회의(Green Room Meeting, 정식 명칭은 CCG이다. 즉 주석 고문단인 WTO 회의의 주요 담판 장소임)"에 참가했다. 중요한 의제에서 중국은 자신의 견해를 발표했다. 중국은 커피를 마시며, 관건적인 담판에 참여하는 '소수인'이 되었다.

예를 들면 홍콩 선언의 제일 주요한 제6단계 내용인 모든 회원국에서 2013년에 농업 수출 보상을 취소해야 한다는 내용을 제정할 때, 아프리카, 카리브해와 태평양 국가 집단인 ACP집단 등 6개 단체의 110개 회원국은 2010년에 모든 보상을 취소한다는 내용의 연합성명을 발표했다. 하지만 유럽연맹은 2013년으로 연장하자고 주장했다. 이 의제는 그린룸 회의를 연장하면서까지 토론한 주요 의제였다. 여러 측에서 자신의 의견을 좁히지 않은 상황에서 중국은 기타 조건을 적당히 명확하고 엄격하게 제정하는 기초 위에서 유럽연맹이 제기한 2013년에 수출보상을 취소하자는 건의를 제기했다. 인도, 멕시코 등 그린룸회의 참가국 성원들은 이 건의에 찬성했다.

문외한인 중국이 WTO에 가입한 후 중국은 주인공의 하나가 되었던 것이다. 지금 글로벌 시장에서 어느 누구도 중국의 의견을 무시할 수가 없다. '중국의 제조'가 전 세계시장에서 신흥시장을 열어 갈 때, 중국도 전 세계에서 직접투자(Foreign Direct Investment, FDI)가 제일 많은 국가 중의 하나가 되었다. 2010년 말에 이르러 90% 이상의 세계 500대 기업이 중국에서 업무를 개시했다. 다국적기업이 중국에 설립한 연구소는 14,00여 개에 달했다.

거대한 중국시장은 국제상품의 가격을 좌우할 뿐만 아니라, 다국적기업의 글로벌 구조에도 영향을 미치고 있다. 지금 글로벌 기업은 중국 소비자들의 구미를 이해하지 않으면 안 된다. 그들은 중국에 연구기구를 설립하여 다국적 구매 중심을 중국에 두고 있다. 중국시장은 많은 다국적기업의 재무 보고의 주요 수치가 되었다. 이와 동시에 부단히 성장해 가는 중국의 기업은 돛을 달고 해외로 나가 글로벌 경쟁에 참여하고 있다. 물론 세계무역이라는 큰 운동장에서 중국이라는 우수한 운동선수는 '옐로우카드'를 받기도 하고, '고의적인 태클'에 당하기도 하고, '편파 판정'을 받기도 한다. 국제무역기구에 가입한 10년 동안 중국은 WTO 회원국에서 제기하는 3,500여 개의 문제에 대답했다. 중국은 제일 열심히 '시험'에 응한 학생이 되었던 것이다. 중국의 대답은 모두 5억 바이트의 답안을 제출하였는데, 이는 200만 책의 『스티브 잡스』, 300만 책의 『성경』과 맞먹는 양이었다.

국제무역기구에 가입할 때 중국은 어찌 "승냥이들과 춤"을 출 것인가 걱정했다. 국제무역기구에 가입한 후 중국은 모든 사람들의 상상을 뛰어 넘는 속도와 열정으로 자신을 변화시켰으며, 세계에 영향을 미치고 있다. 오늘 중국산업의 전체 실력에 국제사회는 어떻게 "용과 함께 춤을

추어야 하는가"를 토론하고 있다. 중국이 국제무역기구에 가입하게 되면서 중국은 더욱 빠른 속도로 세계와 융합되고 있으며, 중국은 세계와 더욱 가까워지고 있다. 중국의 국제무역기구 가입은 중국경제와 세계경제에 적극적이고도 큰 영향을 미쳤다.

중국의 발전과 세계의 기회, 하늘을 날게 될 용은 모두에게 유리하다. 중국의 평화적 발전은 세계에 위협이 아닌 기회와 이익이다. 숙련되고 값싼 노동력, 방대한 경제규모와 하이테크의 결합으로 중국은 경제 글로벌화의 최대 수혜자가 되었던 것이다.

'B+'에서 'A+'에 이르기까지 중국은 제일 노력하는 수험생이었다.

국제무역기구에 가입 후 첫 10년 동안 세계의 각계 인사들은 중국이 WTO에 가입하게 되면 민족경제와 취업에 영향을 미치고, 농업, 대외무역, 금융, 자동차 등"4대 경제가 망한다"고 걱정했다. 하지만 어느 하나도 현실로 나타나지 않았다. 세계가 중국을 흔들어 놓은 것이 아니라 반대로 중국이 세계를 크게 흔들어 놓고 있다. 중국경제는 놀라운 발전 가능성을 확보했고 실력은 비약인 발전을 가져왔다. 국제무역기구 사무총장 파스칼 라미는 국제무역기구 가입 첫 10년 간의 중국"성적은 A+"라고 했다.

2001년—2010년 사이에 중국 국내의 생산총액(Gross Domestic Product, GDP)은 연평균 10.5%의 지속적인 성장을 가져왔으며, 2001년의 1.3만 억 달러에서 2011년의 7.5만 억 달러로 증가하여 약 5배나 증가했다. 2002년 중국 GDP는 이탈리아를 능가하여 세계 제6대 경제실력체가 되었다. 2005년—2007년 사이에 중국은 연속해서 프랑스, 영국, 독일을 능가하여 세계 3대 경제실력체로 성장했다. 2010년 10.4%의 경제성장률을 기록한 중국은 40.45조 인민폐, 약 6만억 달러로 40년간 이 자리를 지키던 일본을 제치고 GDP로써는 세계 제2대 경제실력체가 되었다.

WTO 가입 전이 40%였던 중국 대외무역 의존도는 가입 후 10년이 지나 50%로 증가했다. 농업과 제조업에 대한 시장 진입표준이 줄어들게 되면서 관세는 15.3%에서 9.8%로 내려갔다. 할당액·허가증 등 비관세 항목을 취소하고 대외무역 경영권을 전면적으로 개방했다. 그중 농산품의 평균 관세는 WTO 가입 전의 23.2%에서 2005년에는 15.35%로 내려가, 미국·일본·유럽연맹 등의 선진국들보다 낮았다. 중국은 농산품 관세가 제일 적은 국가의 하나가 되었다. 관세와 수출보상이 감소하면서 중국의 농산품 수입은 수출보다 더 많이 증가하여 2004년에 처음으로 농산품 무역수지 적자를 기록하였고, 이 적자 폭은 점차 늘어나고 있다.

2001년 중국 상품무역 수출입 규모는 5,097억 달러였다. 국제무역기구에 가입한지 3년이 지난 2004년에는 2배 증가하여 11,000억 달러를 기록했다. 이 해의 수출 증가속도는 역사상 최고치인 35.4%를 기록했다. 2010년 수출입 규모는 2.97억만 달러를 기록해 10년간 연평균 증가율은 20.2%로 4.8배 증가했다. 무역총액도 세계 제6위에서 제2위를 차지했다. 그중 수출 규모는 4.9배 증가하여 세계 수출규모의 10.4%를 차지했으며, 세계 제1위가 되었다. 수입규모도 4.7배 증가하여, 세계 제2위가 되었으며, 수입규모는 세계의 3.8%에서 9.1%로 늘어났다.

국제무역기구에 가입한 첫 10년 동안 중국의 국제무역은 양과 질에서 모두 크게 제고되었고, 구조도 최적화 되고 있다. 2001년 수출상품 중 공업제품은 총 상품 수출의 90.1%를 차지하였는데, 2007년에 이르러 94.8%로 증가했으며, 연속적으로 4년간 높은 기록을 유지했다. 2001년부터 2010년 사이에 농업·광산업 등 원자재 상품은 총 상품 수출의 10%에서 5.2%로 하락했다. 최근년래 중국정부는 구조개혁과 대외무역 증가 방식에 변화를 주려하고 있다. 에너지 소모가 많고, 폐기물이 많은 상품의 수출이 줄어들고, 하이테크 상품과 부가가치가 비교적 높은 상품이 새로운 성장 포인트가 되었다.

무역방식으로 볼 때, 중국의 대외무역은"한 가지 평형, 한 가지 흑자, 한 가지 적자"의 패턴을 형성했다. 일반무역은 기본적인 평형을 유지하였고, 가공무역은 거액의 흑자를 기록했으며 서비스 무역은 반대로 적자를 기록했다. 국제무역기구에 가입한 첫 10년 동안 중국의 서비스무역 총액은 719억 달러에서 4배 증가한 3,624억 달러를 기록했다. 서비스무역의 수출입 순위는 2001년의 제9위와 제12위에서 2010년에는 제3위와 제4위로 올랐다. 중국은 순차적으로 서비스업의 시장참여 분야를 확대시켜 WTO의 규칙에 따라 분류한 160여 개 서비스무역 중 100여 개를 개방하여 선진국 수준에 접근했다.

오동나무 숲이 무성하니 어찌 봉황이 날아오지 않으랴. 중국의 대외개방 정책의 안정성과 투명성이 점차 외국 상인들의 인정을 받게 되었다. 국제무역기구에 가입한 십년 동안 외국의 직접투자는 연평균 10%의 성장을 가져와 7,595억 달러에 달해 근 20년간 중국은 발전도상국 중 첫 자리를 차지했다. 국제 금융위기 이후 제일 어려웠던 2009년에도 중국에 대한 외국인 투자 총액은 900억 달러를 초과했다. 2010년 중국의 실제 외자 이용총액은 1,057.4억 달러로 처음으로 1,000억 달러를 초과하면서 17.4%의 성장을 기록했다. 이렇게 2010년에는 2009년에 2.9% 떨어진 상황을 다시 성장으로 돌려놓았다. 2010년 중국의 외자유치 금액은 세계 제2위였다.

중국은 직접 투자를 받기만 한 것은 아니었다. 2002년 중국정부는 처음으로 "외자 도입 정책"외에 "해외 진출" 전략을 제기했다. 중국기업의 해외 진출은 해외기구의 설립으로부터 자본투자와 인수합병으로 발전했다. 중국기업은 진중하게 생각하면서 한걸음씩 차근차근 배우면서 나아갔다. 2010년 중국기업이 스웨덴 볼보자동차를 매수한다는 소식이 중부유럽의 여러 간행물에 실렸지만, 스웨덴 자동차업계와 볼보자동차 공회조직은 큰 기대를 하지 않았다. 하지만 국제 전담팀을 건설하고 시장화의 본토 경험과 협상 담판 기교를 바탕으로 중국기업은 신속하게 성장하여 글로벌 시장의 주요 구성부분이 되었다.

중국기업은 직접 해외투자에 참여하기 시작했고, 점차 자리를 잡아 갔다. 해외투자는 연평균 40%의 속도로 증가했다. 80% 이상의 해외투자 증가속도는 외자 유치속도보다 빨랐다. 2002년 중국 비금융류 기업의 해외 직접투자액은 겨우 27억 달러에 달했지만, 2005년에는 백억 달러를 넘어섰다. 2010년 중국 전체 업종의 해외 직접투자는 688.1억 달러로 세계 제5위였다. 이는 2002년의 24배에 달하는 숫자였다. 87.5%를 차지하는 비금융류 투자는 601.8억 달러로 전년 동기 대비 25.9%의 증가율을 기록했다.(표 1-1과 그림 1-1) 중국 업은 현지에서도 자신의 사회적 책임을 착실히 이행하고 있다. 2010년에는 투자국 현지에서 약 80만 명을 채용했고, 해당 국가에 100억 달러가 넘는 세금을 냈다.

표1-1 근 10년간 중국 해외직접투자 총액과 년 투자액의 안정적 제고(단위:억 달러)

년도	2002	2003	2004	2005	2006	2007	2008	2009	2010
연투자액	27.0	28.5	55.0	122.6	211.6	265.1	559.1	565.3	688.1
총액	299.0	332.0	448.0	572.0	906.3	1179.1	1839.7	2457.5	3172.1

주: 2002-2005년의 수치는 비금융류 해외 직접 투자액이다.
2006-2010년 수치는 전체 해외직접투자 액이다.
자료 출처: 중국 상무부, 『2010년 중국 해외직접투자 통계 관보』

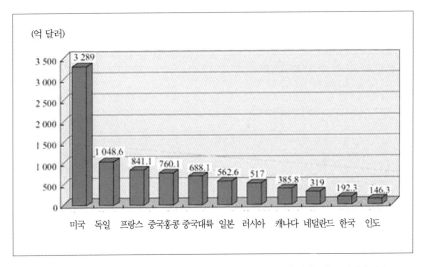

그림 1-1 유럽과 미국 등의 경제력 실체와 비교했을 때 중국 내륙의 해외 직접투자는 턱없이 적다.
자료 출처: 중국 상무부, 『2010년 중국 해외 직접투자 통계 공보』

　국제무역기구에 가입한 10년은 중국의 발전이 제일 빠르고 제일 좋은 시기였다. 1인 평균 년 수입이 2001년에는 800달러였다. 2009년에 이르러 2,500달러로 증가하였을 뿐만 아니라 2억여 명의 중국인들이 빈곤에서 벗어났다. 국제통화기금(International Monetary Fund, IMF)의 통계에 따르면 2010년 중국 1인 평균 GDP는 4,000달러를 넘어 4,382달러에 달했다. 2011년 세계은행의 분류표준에 따라 분류하자면 중국은 1980년대 중기 이전의 '저수입국가'에서 '중저수입국가'시기를 거쳐 '중상수입국가' 대열에 진입했다.

10년간 중국의 외화보유액은 거의 13배나 증가했다. 2006년에 처음으로 1조 달러를 초과해 1조 663억 달러를 기록했으며 2009년에는 2조 8,500억 달러에 달했다. 2008년 이후의 외화보유액은 지속적으로 증가하고 있지만, 국내외 경제환경 변화의 영향을 받아 증가폭은 많이 하락했다.

인민폐도 개혁하기로 결정한 11년 후인 2005년 7월 21일, 중국인민은행은 정식으로 시장 수요에 기초하여 환율을 조절하고 관리하는 변동환율제를 실시한다고 선포했다. 같은 날 인민폐 환율은 8.2765에서 2.01% 상승한 8.1100을 기록했다. 이렇게 인민폐 환율은 오직 미국 달러가 아닌 여러 나라 화폐간의 환율 체제를 형성했다. 같은 해 12월 5일 중국 동북에 위치한 하얼빈(哈爾濱)·창춘(長春) 그리고 서부지역의 란저우(蘭州)·인촨(銀川)·난닝(南宁) 등 도시에서 먼저 해외금융기업을 상대로 하여 인민폐 업무를 진행했다. 이처럼 중국이 국제무역기구 가입 시 승낙한 기한보다 1년 먼저 관련 임무를 완성했다. 중국 은행업감독관리위원회는 산터우(汕頭)·닝보(宁波) 두 도시에서도 인민폐 업무를 개방할 것을 약속했다. 이렇게 중국은 해외 금융기구가 관련 업무를 행할 수 있도록 개방한 도시는 18개에서 25개로 늘어났다.

중국은 인민폐 환율을 개혁하기 전에 주도적이고 순차적이며 통제 가능한 환율정책을 실시했던 것이다. 2009년 7월 중국은 시험적으로 인민폐로써 국가 간 무역을 결산하기로 했다. 2010년 6월 인민폐 결산 시험지역을 20개 성시로 늘리고, 모든 국가와 지역을 해외 결산지역으로 한다고 했다. 2008년의 국제 금융위기를 효율적으로 대응하고 외부의 '화근'이 중국으로 유입되는 것을 막기 위해 한동안 인민폐 환율은 사실상 미국 달러에만 연동하는 시스템을 도입하여 약 1년 동안 달러와의 환율을 6.28위안 좌우로 유지했다. 2010년 9월 21일, 2011년 1월 13일, 4월 29일, 8월 11일, 2012년 2월 10일에 달러와 인민폐의 환율은 각각 6.7, 6.6, 6.5, 6.4, 6.3으로 점점 하락했다.

'위기'를 '기회'로: 글로벌 금융위기에서 중국의 변화

2011년 이후 국제 금융위기의 여파는 여전히 남아 있었다. 선진 경제실체의 경제 회복도 여전히 어려웠다. 제4분기 이후 유로 대륙의 주권 부채위기는 여전히 확산되고 있었다. 2012년 제1분기에도 미국의 경제회복세는 여전히 미미했다. 2012년 제2분기 GDP 증가속도가 현저히 내려간 일본의 경제 역시 부진을 계속했다. 신흥 경제실체의 경제성장속도도 늦어졌고, 물가의 상승과 함께 세계경제는 전체적으로 낮은 회복세를 보여주었다. 외국의 수요가 급격히 줄어들어 중국의 경제성장도 어려워졌다.

그러나 복잡하고 가혹한 국내외 환경에서 중국경제는 평온하게 발전했다. "제12차 5개년 계획"기간인 2011—2015년의 시작은 괜찮았다. 중국 국가통계국의 초보적인 통계에 따르면, 물가는 5.4%의 상승치를 기록했고, 2011년 1년 명목 GDP는 4조 71564억 위안으로 그 전해보다 9.2% 성장했다. 2012년 제1—2분기에 중국의 명목 GDP는 22조 7,098.2억 위안으로 2011년 같은 시기보다 7.8% 성장했다.(그림 1—2)

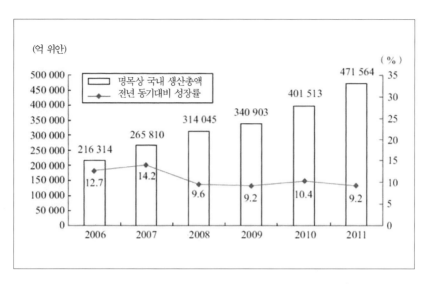

(억 위안)

(%)

명목상 국내 생산총액
전년 동기대비 성장률

500 000 — 35
450 000 — 30
400 000 471 564
350 000 — 25
401 513
340 903
300 000 314 045 — 20
265 810
250 000 — 15
216 314
200 000
150 000 12.7 14.2 — 10
100 000 9.6 9.2 10.4 9.2
50 000 — 5
0 — 0

2006 2007 2008 2009 2010 2011

그림 1-2 "제11차 5개년 계획" 기간부터 "제12차 5개년 계획" 기간까지 중국경제는 역경 속에서도 평온하
게 위기를 넘겼다.
자료 출처: 중국 국가통계국, 『2011년 국민경제와 사회발전 통계공표』

대외무역에서 2012년 1월 중국 관세청이 발표한 통계에 따르면, 2011
년 중국 상품 수출입 총액은 전년 동기대비 22.5% 상승한 3조 6,400억
달러였다. 그중 수출은 20.3% 성장한 1조 9,000억 달러였고, 수입은 1조
7,400억 달러로 24.9% 성장하여, 4.6%의 속도로 성장했다.(그림 1-3)
2011년 하반기 이후 중국의 대외무역 수출입 성장속도는 늦어 졌지만,
무역은 여전히 안정적인 발전을 보여 주었다. 수입과 수출이 조화를 이
루며 발전하여 대외무역 흑자는 점점 줄어들었다. 전년 수출입차액(수
출-수입)은 1551.4억 달러로 2010년 보다 263.7억 달러 감소하여 2010
년에 7.2% 줄어든 기초 위에서 14.5% 더 줄어들었다.

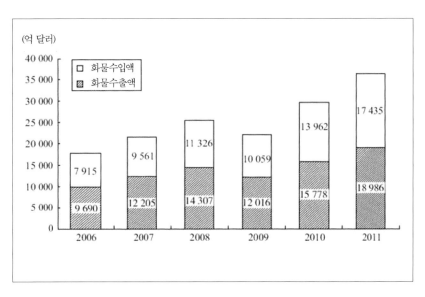

(억 달러)

40 000
35 000   □ 화물수입액
30 000   ▨ 화물수출액
25 000
20 000
15 000
10 000
5 000
0

2006   2007   2008   2009   2010   2011

7 915   9 561   11 326   10 059   13 962   17 435
9 690   12 205   14 307   12 016   15 778   18 986

그림 1 - 3 최근 연간 중국상품 수출입무역은 안전적이고 균형 있는 성장을 보여주었다.
자료 출처: 중국 국가통계국, 『2011년 국민경제와 사회발전 통계공보』

2011년 중국 대외무역 구조는 계속 개선되었다. 일반무역은 강한 회복세를 보여주었고, 무역적자는 점차 커졌고, 가공무역 총액과 흑자는 13% 증가했으며, 서비스무역도 안정된 상승세를 보여주었다.

일반무역 수출입은 29.2% 상승한 1조 9,248.9억 달러에 이르러 전년 동기대비 중국 수출입 총액의 52.8%를 차지했다. 이는 2010보다 2.7% 높은 기록이었다. 그중에서 수출은 27.3% 성장한 9,171.2억 달러를 기록해 같은 기간 대비 6.1% 증가했다. 일반무역에서도 903.5억 달러의 적자를 기록하여 85.8% 증가했다.

가공무역 수출입 총액은 1조 3,052.1억 달러로 12.7% 증가했다. 그중 수출총액은 8,354.2억 달러로 12.9% 증가 했고, 수입은 12.5% 증가한 4,697.9억 달러를 기록했다. 가공무역 흑자는 3,656.3억 달러로 13.4%

증가했다.

서비스무역은 지속적인 성장을 보여주었는데, 수출입 총액은 4,000억 달러를 넘어 새로운 기록을 세웠다. 수출과 수입은 세계 제4위와 제3위를 기록해 여전히 세계에서 앞자리를 차지했다.

2011년 중국 대외무역 파트너들도 점차 다양해 졌다. 유럽, 미국, 일본 등 전통 강국들과의 무역도 안정적으로 성장했으며, 신흥 시장국가들과의 무역도 높은 상승세를 보여주었다.(표 1-2)

표1-2 2011년 중국의 주요 수출상품은 15%~12%의 성장률을 유지하였다.

유형	전기제품			전통 상품		
	전체	가전제품	기계설비	복장	방직품	신발
금액(억 달러)	10855.9	4457.9	3537.7	1532.2	946.7	417.2
성장률(%)	16.3	14.7	14.2	18.3	22.9	17.1

자료 출처: 중국 관세청 통계 자료

중국과 유럽 간의 쌍무무역 총액은 5,672.1억 달러로, 전년 동기 중국 수출입 총액의 상승률보다 4.2% 적은 18.3%의 상승률을 기록했다. 중미 쌍무무역 총액은 4,466.5억 달러였는데, 이는 전년 동기대비 중국 수출입 총액의 상승률보다 6.6% 적은 15.9%의 상승률이었다. 중일 쌍무무역 총액은 3,428.9억 달러에 달했고, 이는 전년 동기대비 중국 수출입 총액의 상승률보다 7.4% 적은 15.1%의 상승률이었다.

중국과 동남아시아 국가연합 간의 쌍무무역 총액은 3,628.5억 달러로, 전년 동기대비 중국 수출입 총액 상승률보다 1.4% 높은 23.9%의 상승률을 기록했다. 그중 동남아시아 국가 연합에 수축한 수출 총액은 23.1%

상승한 1,700.8억 달러였고, 동남아시아 국가연합으로부터 수입한 수입 총액은 24.6% 증가한 1,927.7 달러였다. 동남아시아 국가 연합과의 무역 수지 적자는 226.9억 달러로 37.1% 증가했다.

브라질, 러시아, 남아프리카 등 국가와의 쌍무무역 수출입 총액은 각각 842억 달러, 792.5억 달러와 454.3억 달러로, 34.5%, 42.7%, 76.7% 증가했다. 증가율은 같은 시기 중국 전체 수출입 증가율보다 높았다. 이는 중국과 신흥시장 국가와의 무역이 강한 상승세를 의미했다.

중국 상무부의 통계에 따르면 2012년 상반기 중국의 수출입 총액은 같은 시기보다 8% 성장한 1조 8,398.4억 달러였는데, 그중 수출은 9,543.8억 달러를 기록해 9.2% 증가했으며, 수입은 6.7% 상승한 8,854.6억 달러를 기록했다. 2012년 6월 G20 멕시코 정상회담에 참가한 참가국의 반응으로부터 국제사회는 중국의 대외무역 평형성을 인정하고 있음을 알 수 있다. 무역 상대국들과 비교했을 때, 중국의 대외무역은 기타 여러 국가들처럼 제로성장이나 마이너스 성장이 아닌 건전한 발전을 보여주고 있으며, 예견했던 연 10%의 성장을 실현할 가능성을 보여주었다.

증가속도는 느려졌지만, 중국의 대외무역에는 적극적인 변화가 나타났다. 예를 들면, 중국의 신발 수출량은 크게 변하지 않았지만, 수출액은 늘어났다. 이는 저렴한 신발을 수출하던 중국이 이젠 고급 신발들을 제조하고 수출하고 있음을 설명해 주었다. 이러한 변화는 중국의 무역조건이 개선되고 있음을 의미했다. 또한 많은 전통기업에서 아낌없이 상품가치를 높이려 노력하고, 신제품 개발에 힘쓰고 있음을 보여주었다.

2012년 5월 저장(浙江) 사오싱(紹興) 파오장(袍江)에 위치한 저장 칭마오(慶茂)방직날염(프린팅)유한회사 작업현장의 열기는 하늘을 찌를 듯이 내뿜고 있었다. 비록 성수기는 아니었지만 이 회사는 5개월 동안에 이미 지난해 같은 시기보다 19.5%나 많이 수출했다. 근년 이래 인민폐 가치가 상승하고, 노동력 원가가 지속적으로 상승하게 되면서 방직상품의 생산에 경쟁력을 가지고 있던 중국의 이점은 인도, 베트남 등 국가에 밀리게 되었다. 저장성 대외무역의 주요 수출산업의 하나이며, 노동집약형 산업인 방직날염업은 아직까지도 여전히 외국의 수요가 적은 심각한 상황이 지속되고 있다. 그렇다면 칭마오방직 작업현장의 생산 열기는 어떻게 일어났던 것일까?

"주요 원인은 우리가 정확한 마케팅 포지셔닝 전략을 세웠고, 신제품 개발을 끊임없이 했기 때문이다." 이 회사 책임자인 수젠펑(徐建鋒)은 이렇게 말했다. 칭마오방직은 신제품 개발에 돈을 아끼지 않았다. 그들은 방수, 오염 방지, 기름 방지, 방화 등 여러 가지 기능을 가진 원단을 개발했다. 일반 면방직 원단의 가격은 1미터에 약 1.5달러 정도였지만, 방화기능이 있는 특수 원단은 1미터에 4~5달러를 받았다.

2011년 중국 비 금융 분야의 실제 FDI 이용금액은 1,160억 달러로 9.7% 증가했다. 전년 비 금융 해외 직접투자 금액은 601억 달러로, 2010년보다 1.8%증가했다. 현지화는 제일 적절한 국제화이다. 이는 중국기업이 다국적 경경을 하는 주요한 가치관이 되었다. 한 중국 기업가는 이렇게 말했다. "타국을 고향으로 여기고 그 나라와 융합되어야지 그들이 우리를 돈만 벌고 자리를 뜨는 사람이라고 여기게 해서는 안 된다. 이렇게 총 한번 쏘고 자리 한번 옮기는 방법으로는 어떤 곳에서도 자기 자리를 잡을 수가 없고, 뿌리를 내려 성장할 수가 없다."

해외에 판매회사를 가지고 있는 많은 중국회사는 회사직원의 현지화를 완성했다. 유럽, 미국, 일본에 자회사를 둔 중국기업 대부분은 판매원으로부터 현지 총지배인까지 모두 현지인을 채용했다. 통계에 따르면 중국 주재 미국기업이 중국에서 10명의 직원을 채용할 때마다 미국에서는 약 15명을 채용한다고 했다.

2011년 말 중국의 외화보유액은 3조 달러를 초과하여 3조 1,811억 달러에 달했다. 이는 2010년 말 보다 3,388억 달러 증가한 수치였다. 2011년 말 인민폐 환율은 1달러 당 6.3009위안으로 2010년 말보다 5.1% 상승했다. 2011년 6월 21일 중국 중앙은행은 『인민폐의 국제 업무 관련 문제에 대한 통지』를 반포하여 외국상인이 직접하는 인민폐 투자 결산업무 시험방법을 제정했다. 이 『통지』는 인민폐 국제업무의 중대한 지침이었다.

세계경제포럼에서 발표한 『글로벌 경쟁력 보고 2010—2011』에 의하면 중국의 경쟁력은 2009년의 29위에서 27위로 상승했다. 중국은 "브릭스(BRIC—신흥국을 대표하는 브라질, 러시아, 인도, 중국 4개국)" 중 유일하고 순위가 상승한 국가였다. 중국은 세계경제 무대에서 경쟁력이 있고 활력 넘치는 신흥국이었던 것이다.

'모방'의 나라에서 '창의성'의 나라로 : 중국 산업구조의 "등룡환조(騰龍換鳥)[02]"

산업은 한 나라 경제의 대들보라고 할 수 있다. 개혁개방이 시작되면서부터 국제무역기구에 가입하기까지 처음에는 국제경쟁에서 시련을 겪었지만, 중국은 점차 글로벌 경쟁에서 두각을 나타내기 시작했다. 중국 산업은 글로벌 무역의 가시밭길을 거스르면서 끝없는 노력으로 하나씩

---

02) 등룡환조(騰龍換鳥) : 경제발전 과정 중의 일종의 전략기조로, 즉 현재의 전통제조업인 현재의 산업기지를 선진생산력이 있는 제조업으로 환골탈퇴 시켜 경제의 형태를 전환시키고 산업을 한 단계 승급시키는 것을 말한다.

난관을 헤쳐 나가면서 세계경제 무대의 선두에서 달렸다. 이런 중국의 변화는 중국이 부단히 산업구조를 조정하고 있음을 설명해준다고 볼 수 있다.

2005년 중국의 자동차 생산은 마침내 세계로부터 인정을 받았다. 1985년에 수백 가지 부속품을 필요로 하는 품질로 승부할 수 있는 녹음기를 생산했고, 1995년에는 천여 가지 부속품을 필요로 하는 품질 좋은 텔레비전을 생산했다. 2005년에는 여러 세대의 꿈이 담겨져 있는 수만 가지 부속품으로 조립되는 자동차산업도 국제적인 인정을 받았다. 이렇게 중국의 경제는 빠른 속도로 성장하였다. 세계 다른 나라의 도로에서 중국의 자동차를 볼 수 없었던 상황에서 점차 많은 중국산 자동차를 볼 수 있게 되었고, 중국의 도로에서는 세계의 자동차를 볼 수 있게 되었다.

이는 중국 자동차시장의 높은 국제화를 보여주는 예였다. 2001년 5만 대 뿐이던 수입자동차 시장은 2010년에 이르러 77만 대로 늘어났다. 또한 중국산 자동차는 수입자동차와의 경쟁에서도 성공적으로 국제시장에 진입했다. 중국의 자체 브랜드인 자동차는 2008년에 겨우 18만 대 뿐이었는데, 2010년에는 363만 대로 증가했다. 2005년 중국의 자동차 무역은 처음으로 흑자를 기록했다. 2001년 중국의 Chery 자동차는 시리아에 10대의 자동차를 수출했다. 이렇게 중국산 자동차의 수출이 시작되었다. 뒤이어 이란, 쿠바, 말레이시아, 미국 등 시장에서 중국산 자동차를 찾아볼 수가 있었다. 2010년 6월 2,000대의 장성Haval(Great Wall Haval-長城哈弗) H5가 유럽연맹에 수출된 후로, 593대의 장성Haval(長城哈弗) SUV, 펑준(風駿)픽업트럭은 고급시장인 오스트레일리아에 수출했다.

국제무역기구에 가입하던 해에는 중국의 자동차 생산량이 200만 대에 이르러 당시 세계에서 유일하게 화물자동차의 생산량이 승용차의 생산량보다 많은 나라가 되었다. 2009년 중국의 자동차 판매량은 1,379.10만 대와 1,364.48만 대로 처음으로 판매량 1000만 대를 돌파하여 세계 자동차 생산량과 판매량이 제일 많은 국가가 되었다. 2010년 세계경제가 여전히 금융위기에서 회복하지 못하던 해에 중국의 자동차 판매량은 같은 시기에 비해 32% 성장하여 1,800만 대 넘게 생산 판매하면서, 계속 세계 1위를 달렸다.(그림 1-4) 그 중 승용차의 생산 판매량은 상용차의 3배에 달했다. 2000년 중국이 생산한 자동차 판매량은 3.5%의 성장률에서 2010년에는 성장률을 23.5%의 기록했다. 같은 해에 처음으로 자동차 수출액이 500억 달러를 돌파했다. 부속품 수출은 400억 달러를 넘어 전체 자동차 수출액의 78%를 차지했다.

중국 자동차공업협회에서는 사동차를 생산하는 기업의 보고에 따라 통계한 수치에 의하면 2011년 중국 국내에서의 자동차 수요량이 구입제한 등 정책의 영향으로 감소되었지만, 사동차 수출은 여전히 빠른 성장을 기록했다. 2011년 각종 자동차의 수출량은 81.43만 대인데 전년 동기대비 26.94만 대가 많아 49.45%의 성장률을 기록했다. 자동차 수출은 전체 자동차 판매량의 60.79%차지했는데, 47.61만 대의 수출량을 기록한 승용차량은 전년 동기대비 68.26%증가하였고, 33.82만 대의 수출량을 기록한 상용차량은 동 시간 대비 29.12% 증가했다.

2011년 1월 10일 중국자동차공업협회 발표

2010년 중국이 생산한 자동차 판매량(만 대)

1 826.47 ⬆32.44%

1 806.19 ⬆32.37%

생산량
판매량
⬆ 전년 동기대비 증가

그 중

승용차

1 389.71 ⬆33.83%

1 375.78 ⬆33.17%

상용차

436.76 ⬆28.19%

430.41 ⬆29.90%

그림 1—4 2010년 중국이 생산한 자동차 판매량은 계속 세계 1위를 치지했다.

2012년 상반기에 중국 자체 브랜드를 가진 자동차의 수출량은 48.79만 대로 전년 동기대비 28% 증가했으며, 5, 6월 두 동안 매월 각각 10만 대 넘게 수출하여 4, 5, 6월간 연속 기록을 갱신했다. 장성자동차(長城汽車 -Great Wall Motors)의 동남아시아와 중동 수출량은 점차 증가하였으며, Chery, 지리(吉利-Geely) 두 본토 브랜드의 6월 수출량은 만 대를 돌파하여 동업계 평균 수준보다 훨씬 빠른 성장속도를 보여주었다. 2012년 상반기에 중국의 전국 자동차 판매량은 960만 대였다. 만약에 하반기의 전반경제 형세가 호전되면 2012년에는 8%의 성장을 가져올 수 있고, 자동차 판매량을 2000만 대를 돌파할 것으로 예상했다.

국제무역기구에 가입한 이래, 중국의 다른 한 주요산업인 전자정보산업도 큰 발전을 가져왔다. 중국 정보기술산업부의 통계에 따르면 2001년—2010년 주요 전자정보 상품의 생산량은 지속적이고 빠른 증가를 보여주었다. 2010년 중국의 핸드폰, 컬러 TV, 개인용 컴퓨터, 디지털 카메라의 생산량은 모두 세계 1위를 차지했다. 전자정보상품의 수출입 무역 총액은 2001년의 1,241억 달러에서 2010년의 1조 128억 달러로 증가하여 중국 총 수출입 무역에서 30%이상의 점유율을 차지했다. 그중에 수출액은 650.2억 달러에서 5,912억 달러로 증가하여 연평균 27.8%의 증가율을 유지했다.

중국의 전자정보기술 연구개발은 부단히 발전하여 국민경제에 스며들어 중국의 국민경제를 이끌었다. "제11차 5개년계획"기간 동안 정보 관련 과학기술의 특별기술은 자주적 지식소유권을 가진 창의성이 있는 상품들이었다. 수광(曙光-Dawning) 5000A, 선텅(深騰-Shenteng) 7000과 "톈허―I(天河一号-Tianhe-I)" 등 슈퍼컴퓨터 개발을 연속 성공하면서 중국의 슈퍼컴퓨터 산업은 여전히 국제상에서 앞자리를 차지했다. 그러한 우세성은 더욱 분명해졌다. 매초마다 천만 억 차의 연산을 할 수 있는 톈허-I는 중국산 중앙처리장치(CPU) 페이텅(飛騰)-1000을 창작했다. 톈허-I을 통해 중국산 페이텅의 안정성과 우수성이 인정되었다. 직접회로 특별 제품인 나노 에칭기는 이미 중국 국내에서 판매되고 있으며, 해외 주문량도 적지 않다.

만약 미국의 창의성이 '발명(creation)'이라고 한다면 중국의 창의성은 '혁신(innovation)'이라고 할 수 있다. 재간과 지능은 누구에게나 평등하다. 인터넷 정보시대에 '유출'한 인재나 '바나나인(서양의 사고방식을 가지고 있는 동양 사람을 뜻하는데, 보통 American-Born Chinese을 말한다 - 역자 주)" 혹은 중국 국내에서 외국자본을 위해 일을 하고 있는 전문 인원들을 포함한 많은 중국 과학기술 인재들은 세계경제실체의 발전과정에 뛰어난 연구 성과를 거두었다.

중국은 날로 늘어나는 자국의 과학기술 인재들을 바탕으로 자금과 기술 등 정책의 지지에 의거해 전 세계 정보 고속도로의 일부 '구간'에서 좋은 성과를 얻을 수가 있다. 뿐만 아니라 세계 과학기술과 경제발전의 속도에 발맞추어 '근육경제'에서 "두뇌와 근육을 겸비한 종합경제"와 '두뇌경제'의 기초를 마련할 수가 있다.(그림 1-5)

중국의 통신과 인터넷 기술은 세계 일류수준이라고 할 수 있다. 2008년 베이징 올림픽에서 성공적으로 시분할연동코드분할다중접속(TD-SCDMA) 서비스를 시행한 후 상업적인 운영을 시작했다.

지식재산권을 소유하고 있는 4세대 이동통신표준(TD-LTE-Advanced)은 4세대(4G) 국제 표준후보의 하나가 되었다. 실시간 인터넷 국제표준인 IEC61784—2/CPF14를 성공적으로 발표하여 중국은 선진국이 주도하는 국제표준화 무대에서 얻기 힘든 발언권을 가지게 되었다.

거액의 자금 투입 국가정책의 지지

신흥산업

그림 1—5 자금과 정책은 정보·생물·에너지 자원 등 신흥산업의 발전에 힘을 실어주고 있다.

2012년 12월 중국 정보기술산업부에서 발표한 『2011년 전자정보산업 통계 공보』에 따르면, 2011년 중국 전자정보상품의 수출입 총액은 1조 1,292.3억 달러에 달해 중국 대외무역 수출입 총액의 31%를 차지했다. 1,058.8억 달러로 11.1% 증가한 노트북 컴퓨터, 627.6억 달러로 34.3% 증가한 핸드폰, 11.4% 증가하여 325.7억 달러를 기록해 11.4% 증가한 집적회로는 2011년 수출액이 제일 많은 세 가지 상품이었다. 중국 소프트웨어의 수입은 국제 소프트웨어 기업 수입의 15%를 차지했다. 중국의 컬러텔레비전, 핸드폰, 계산기 등 주요 전자성품의 생산량은 국제 수출양의 48.8%, 70.6%, 90.6%을 차지해 모두 세계 1위를 기록했다.

세계에서 제일 큰 가전제품 브랜드인 하이얼그룹(海爾集團-Haier

Group)은 국제 백색가전시장의 8%를 점하고 있다. 2012년 상반기에 미국으로 수출한 중국산 핸드폰은 약 4,220만 대에 달해 이는 전년 동기 대비 21.3% 증가한 것이었고, 수출액은 80.9%증가한 것이었다. 유럽 연맹에 수출한 핸드폰은 4,390만대로 전년 동기 대비 26.8% 증가했다. 2011년의 기준수치가 비교적 낮고 중계무역 등 여러 가지 원인이 있었기 때문에 수출액은 전년 동기대비 156% 증가 했다. 2011년 중국 계산기 업계의 수출액은 2,293.9억 달러로 5.6%의 지속적인 성장을 보여주었다.

2010년 54개 중국기업이 세계 500위에 진입하여 2001년보다 43개 기업이 증가했다. 그중 중국의 중앙기업은 30개였다. 중앙기업인 시노펙 그룹(중국석유 화공그룹-Sinopec Group-中國石油化工集團公司), 중국 국가전력망(STATE GRID-國家電网), 중국석유 천연가스그룹 (CNPC, China National Petroleum Corporation-中國石油天然气集團公司) 등 세 기업은 10위 안에 들었다. 중국대륙(홍콩포함, 중국 타이완은 포함하지 않음)의 기업수는 연속 9년간 증가하여 2012년에는 73개 회사가 국제 500위에 들었다. 2011년과 비교했을 때, 지리자동차(Geely Automobile Holdings Ltd-吉利汽車) 등 12개 기업이 새로 이름을 올렸다. 만약 중국 타이완을 포함하면 중국은 전체 79개 기업이 국제 500위에 들 수 있었다. 국제 500위에 든 기업수는 132개로 일본을 넘어섰고, 1위를 차지한 미국의 뒤를 이어 두 번째로 많은 기업을 기록한 국가가 되었다.

수년간 기량을 키워온 중국기업은 강대한 실력으로 해외에서 새로운 열풍을 일으키고 있다. 2011년 중국 사회과학원에서 발표한 『세계경제황서』에 기록한 바에 의하면, 매각 기업이 많던 중국은 점차 자산의 인수를 주도하는 기업이 많은 국가가 되었다. 2010년 인수합병 금액은 미국의 뒤를 이어 세계 2위를 차지했다.

'수출'로부터 '수입'에 이르기까지 : 세계로의 공급은 중국경제의 피가 되고 살이 되었다.

  세계를 떠난 중국의 발전은 있을 수가 없다. 1970년대 말부터 일본·유럽·미국의 다국적 기업은 선진적인 자금·기술과 관리 경험을 가지고 대거 중국시장에 진입했다. 이 과정에서 중국의 산업기술에 큰 공헌을 했다. 중국은 세계경제로부터 수많은 선진기술을 배울 수 있는 문을 열었던 것이다.

  중국기업의 수출시장과 수입 내원은 더욱 다양해 졌다. 중국경제의 개방은 일부지역에서 포화상태인 생산력의 판로가 되었고, 공업화 중기·말기의 경제성장점을 제시했다. 중국 상품이 세계시장으로 수출하게 되면서, 공급과 수요가 평형을 잃어가던 중국시장이 평형을 찾게 되었고, 중국의 도시와 농촌 주민들의 수입을 높였으며, 노동과 취업 및 사회적 안정을 촉진시켰다.

  세계의 각 경제 실체로부터 상품을 수입하게 되면서 중국 국내에서 일부 자원 부족상황이 개선되었다. 뿐만 아니라 고속으로 성장하는 중국에게 대량으로 필요한 자원, 에너지원, 원자재 등을 공급했다. 1993년부터 중국은 석유를 순수입하는 국가가 되었다. 2009년 중국의 석탄 수입량은 12,583.4만 톤에 달해 지난해 동기대비 211.9% 증가했고, 수출량은 50.7% 줄어든 2,240만 톤이었다. 이렇게 1.03만 톤의 석탄을 순수입하여, 석탄 순수입 국가가 되었다. 근년에 새로운 가스전을 발견 한데다가 기술의 발전과 더불어 천연가스의 생산량은 매년 증가하고 있다. 하지만 급속하게 성장하는 중국 국내의 수요를 만족시키지는 못하고 있다. 중국의 국가발전위원회에서 공포한 수치에 따르면, 2012년 1—5월간 천연가스의 생산량은 작년 동기 대비 7.3% 성강하였지만, 천연가스 소비량은 전년 동기 대비 15.9% 증가했으며, 천연가스 수입량은 163억㎥로 42.8%나 증가했다.

지역경제 일체화의 발전은 중국의 생산자와 소비자들에게 큰 혜택으로 돌아왔다. 통관 수속의 간편화와 효율적인 관리로 거래비용이 절감되었고, 무역의 효율이 높아 졌으며, 수출입기업은 이윤이 많아졌다. 소비자들은 다양한 상품을 만날 수 있었고, 편리함을 느낄 수 있었으며, 선택 가능성이 많아 졌다. 예를 들면 중국과 동남아시아 국가연합이 자유무역구(China-ASEAN Free Trade Area, CAFTA)를 건립하면서, 중국 난닝의 여러 슈퍼에서 태국의 망고스틴, 필리핀의 말린 망고, 인도네시아의 골든 케이크, 베트남의 말린 파인애플 등을 찾을 수가 있게 되었다. 베이징의 시장에서 신선한 두리안 등 여러 가지 열대 과일들을 살 수 있게 되었고, 전 중국 범위에서 며칠 안에 동남아시아 국가연합에서 보내오는 신선한 특산물들을 받을 수가 있었다.

상품과 서비스무역이 중국경제를 이끌 고 있을 뿐만 아니라, 국제적인 유통도 중국경제 체제의 주요 성장점이 되고 있다. 더욱 빈번해지고 있는 중국 노동력의 국제적인 유통은 기술의 국제화와 성장에 유리했으며, 노동력의 소질 제고 및 산업구조의 최적화를 촉진했다. 2011년 여러 유형의 중국 유학생은 총 19만 명으로 그 전해 보다 38% 증가했다. 최근 연간 중국기업은 과감하게 해외로 진출해 국제와 국내 '두 개 시장'을 함께 기획하고 국제와 국내 '두 가지 자원'을 주도적으로 조합하여 자원 활용의 효율을 향상시키고, 부분무역이라는 장벽을 효과적으로 피할 수 있게 했다.

낮은 기초에서 시작한 발전도상국인 중국이라는 대국이 세계적인 경제무대에 참여하면서 중국도 적지 않은 이득을 얻었다. 하지만 모든 국가에게 글로벌 경제는 양면성을 띠고 있기 마련이다. 물론 중국도 마찬가지이다. 예를 들면 수출 지향형 경제는 수출에 크게 의존하기 때문에, 국내 취업률은 외부경제의 환경변화 영향을 받는다. 2012년 여름에는 설날 전에야 나타날 농민공들의 "고향으로 돌아가는 붐"이 앞당겨 나타났다. 부동산 조절, 국내외의 경제구조 조정, 유럽과 미국 등 전통 수입대국의 수요 축소, 대외무역 형세의 침체 등 여러 가지 원인으로 대외무역 기업의 노동력 수요는 줄어들었다. 이는 모든 것이 좋은 점과 나쁜 점을 가지고 있다는 것을 말해준다.

장기적인 대외무역 흑자는 중국 국내 통화팽창의 원인 중 하나가 되었다. 외화보유액이 증가하는 상황에서 중앙은행은 인민폐 환율의 안정을 위해 환율의 상승을 막아야 했으며, 이를 위해 기초화폐로 외화를 매수할 수밖에 없었다. 비록 중앙은행에서 어음을 발행하여 헤징을 하고 있지만, 증가하는 유동성을 막기는 어려운 것이다. 외화보유액의 증가는 대외무역흑자의 구성부분기도 하다. 세계 여러 경제실체들도 부단히 성장해 나가는 발전도상국인 중국의 환경문제에 큰 관심을 보이고 있다. 경제의 지속적인 성장을 유지해야 할 뿐만 아니라, 자연환경문제도 주의해야 한다. 경제발전으로 인해 나타난 기존의 환경오염문제를 해결해야 할 뿐만 아니라, 현 시점의 경제발전 과정에서 나타나게 될 새로운 환경오염도 줄여야 할 것이다. 중국의 경제 발전 과정에서 환경문제는 큰 과제로 떠오르고 있는 실정이다.

국제화 속에서의 중국요소

추진자: 중국의 수요는 국제적 경제성장이 된다.

2011년 중국과 일본의 경제는 세계경제의 9% 정도를 차지했고, 유럽연맹은 1/4을 차지했으며, 미국 혼자서 1/4을 차지했다. 이것이 바로 세계경제의 생산구조이다. 지금 세계경제에서 미국·유럽연맹·일본은 큰 비중을 차지하고 있기에 세계경제성장에 대한 그들의 공헌도 무시할 수 없다. 그러나 이들 전통적인 '3대 기둥'이 세계의 경제성장에 대한 기여도는 예전처럼 절대적이지는 않다.(그림 1—6)

중국은 이미 세계경제의 안정적 성장의 주요 역량이 되었다. 근대에 세계경제의 발전 중 어떠한 경제적 실체도 연속적으로 40년 동안 연평균 7%의 지속적인 성장을 보여준 적은 없다. 오직 중국만이 예외였다. 2003—2006년 사이에 중국의 경제는 시종 두 자리 수의 발전 속도를 유지했다. 연평균 10.4%의 성장속도는 같은 시기 연평균 4.9% 성장을 기록한 세계경제 발전 속도의 두 배였다.

세계은행이 발표한 수치에 따르면 2003년 중국은 세계 GDP 증가량의 4.6%를 차지했고, 2009년에는 14.5% 차지해 세계 GDP 증가량에서 제일 큰 공헌을 한 국가가 되었다. 2001—2010년 동안 중국의 GDP는 4.6억 달러 증가하여 같은 시기 세계경제 증가량의 14.7%를 차지했다.

세계 GDP에서 중국은 점차 큰 비중을 차지하고 있다. 1980년의 1.7%에서 2002년에는 4.4%로 증가했으며, 2006년에는 5.5%, 2010년에는 9.3%로 증가했다.

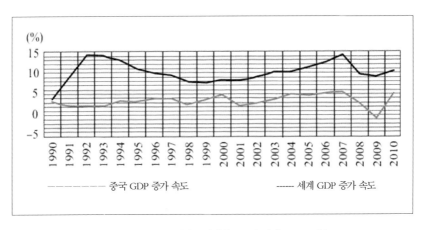

그림 1-6 다년간 연속적으로 세계경제의 성장을 견인한 중국과 세계 GDP 증가속도 표

자료 출처: 1990—2008년의 중국 수치는 『중국통계연감2010』에 따른 것이고 2009년, 2010년의 중국 GDP 증가 속도인 9.2%와 10.4%는 2011년 1월 11일, 2012년 1월 10일 국가 통계국에서 발표한 최종 수치이다. 세계 수치는 World Economic Outlook Database, September 2011, IMF에 의거했다.

(표 1—3) 골드만 삭스(Goldman Sachs)의 연구 수지에 의하면 2000—2009년 동안 중국이 국제경제에 대한 누적 기여도는 20%를 초과함으로써 미국을 능가했다.

표 1—3 30년 동안 세계의 주요 경제수치에서 중국이 차지하는 비율은 대폭 증가했다.(%)00

수치	1980년	1990년	2000년	2007년	2008년	2009년
국내생산총액	1.7	1.6	3.9	6.2	7.1	8.6
수출입무역총액	0.9	1.6	3.6	7.7	7.9	8.8
수출액	0.9	1.8	3.9	8.7	8.9	9.6
수입액	1.0	1.5	3.3	6.7	6.9	7.9
외국상인 직접투자 유입	0.1	1.7	3.0	4.2	6.4	8.5

자료 출처: World Bank, World Development Indicator Database; IMF Database.

WTO의 자료에 의하면 2000―2009년 동안 중국의 수출입 무역액은 연평균 17%와 15%의 성장률을 기록했는데, 이런 성장률은 같은 시시 세계무역 총액이 3% 성장한 속도보다 상당히 높은 숫자이다. "10번째 5개년 계획" 기간인 2006년부터 2010년 사이에 중국의 수출입 무역총액은 연평균 15.9%씩 성장해 동시간대 세계무역 증가속도보다 높았다.

국제 금융위기가 제일 심각하던 2009년 국제무역은 12.9% 감소했지만, 중국은 주요 경제실체 중 유일하게 수출입 총액의 증가를 보여주었으며, 1조 달러를 기록했다. 이 시기 중국은 세계 제2대 수입국가로 발돋움했다. 중국의 경제성장은 국제경제의 회복에 큰 공헌을 했다.

오늘날 각 경제실체의 35% GDP는 직접 세계경제 각 영역에 참여하고 있으며, 생산요소는 세계적 범위에서 유통되고 있다. 자본, 정보, 기술, 노동력 등 자원요소는 전 세계 범위에서 최적화 되고 있으며, 각 경제실체 간의 상호 의존도는 부단히 높아지고 있다. 미국, 일본, 인도와 브라질 등 네 개 국가의 대외무역 의존도는 30% 정도이고, 프랑스, 영국, 이탈리아와 러시아 네 국가는 50%보다 낮은 의존도를 보여주고 있으며, 중국, 캐나다, 독일 등 세 나라는 50%의 의존도를 기록하고 있다. 중국의 경제 활력은 여러 가지 경로를 통해 여러 가지 방식으로 세계 기타 경제실체에 영향을 주고 있다.

WTO 가입 후 10년간 중국 상품은 세계 여러 나라로 수출되고 있고, 세계 각국의 상품도 더욱 완비된 무역 유통을 거쳐 중국에서 판매되고 있다. 많은 사람들은 세계 각국으로 수출되어 판매되는 중국 상품에 만 관심을 보일 뿐, 세계 각국의 상품을 대거 수입하고 있는 중국을 의식하지는 못하고 있다. 2000년 중국의 수출은 세계 7위였고, 수입은 세계 8위였다. 오늘날 중국은 세계 제1의 수출국으로, 세계 2위의 수입국으로 발전하였고, 지난 10년 동안 중국의 수입은 연평균 20%의 속도로 증가했다. 2010년 중국과의 10대 무역파트너 중 중국 타이완과 브라질 외에 기타 국가와의 대외무역에서 수입의 증가속도는 수출보다 빨랐다. 13.4억 인구의 수요는 깊이가 있고, 다양하며, 지속적이다. 지금 중국은 이미 일본, 오스트레일리아, 브라질, 남아프리카의 제1 수출국이며, 유럽연맹의 제2 수출국이고, 미국의 제3 수출국이다.

세계의 경제실체 중 제일 빠른 성장을 보이고 있는 중국은 세계 자원의 제1 수입국이다. 중국의 원유, 천연가스, 철광석 등의 수입량은 중국 국내 사용량의 50%를 넘었다. 중국의 빠른 성장에 필요한 자연자원의 수입은 사용량의 35% 이상을 차지하고 있다. 이런 중국의 수요는 여러 가지 자원형 경제실체의 주요 경제적 원천이다.

강철업을 예를 들면 근 십여 년 동안 경제가 고속성장하면서 중국은 대대적인 인프라 건설과 부동산 개발을 해왔다. 천재일우의 기회를 맞아 중국의 강철업은 큰 발전을 가져왔다. 강철공업의 발전과 더불어 철광석 무역도 고속으로 성장했다. 10년 전 중국의 철광석 수입량은 불과 9,230만 톤이었지만, 2002년에는 1억 톤으로 증가했고, 2004년에는 2억 톤에 달했으며, 2008년에는 4억 톤이 넘었다. 2011년의 철광석 수입량은 6억 톤을 넘었다. 세계 최대 강철 제조국인 중국은 이미 최대 철광석 수입국이 되었다.

중국의 철광석 수입량이 증가하자 철광석의 가격도 매 톤 당 200달러로 폭등하자 철광석은 '철광석 사재기' 현상이 나타나기도 했다. 중국기업의 상품수입이 오스트레일리아, 캐나다 등 나라의 경제발전에 적극적인 영향을 미치게 됨으로써 근년 래 중국 상인들이 상담을 하러 가면 현지 사람들은 매우 우호적으로 대해주고 있다. 특히 국제적 경제위기의 영향으로 2008년 원재료의 수출도 크게 줄어들었다. 중국에서 경제 활성화를 위한 일련의 정책들을 실시하게 되면서 중국의 강철업은 제일 먼저 호전되기 시작했으며, 오스트레일리아, 캐나다, 브라질 등 광물자원을 수출하는 나라들의 경제도 회복되기 시작했다.

중국의 수요는 거의 국제시장의 수급관계와 상품가격에 영향을 미치고 있다. 철광석뿐만 아니라 기타 여러 가지 상품들이 모두 그러하다. 중국 경제의 빠른 성장에 따른 수요는 상품 수출국의 경제성장을 자극한다. 수많은 원재료를 수입한 중국은 다시 생산과 가공을 거쳐 여러 가지 상품으로 재탄생하여 세계시장에 공급된다. 중국과 세계경제는 상품의 유통과 순환을 거쳐 공동 번영을 실현하고 있는 것이다.

중국 주민들의 수입이 증가하게 되면서 중국의 소비품 수입량도 현저히 늘어났다. 중국 도시의 자동차, 전자 소비품, 여행 휴가 등은 경제의 새로운 성장점이 되고 있다. 자가용 비행기, 자가용 유람선도 중국의 소비상품 대열에 이름을 올렸다. 사치품이 중국에서 판매되기 시작한지 20년이 흘렀다. 사치품 브랜드에 깃든 의미를 잘 모르는 중국 사람들이 고가의 상품을 멀리 할 법도 한데 예상과 반대로 중국 사람들은 명품에 열광했다. 세계명품협회의 통계에 따르면 2011년 12월말까지 중국 명품 시장의 연 소비량(개인용 비행기, 유람선과 명품 자동차는 제외)은 126억 달러로 세계 소비량의 28%를 차지해 세계에서 중국은 명품 판매율 1위 국가가 되었다.

해외로 나가 상품을 구매하는 중국 사람도 매년 증가하고 있다. 2011년 말 중국은 140개의 국가와 지역을 해외여행지역으로 허가했는데, 111개 나라에 대한 여행이 행해지고 있다. "11차 5개년 계획"기간 동안 중국의 국내여행, 외국인 입국 여행, 해외여행 등 세 가지 여행시장이 전면적으로 활성화 되면서 중국은 세계 제3대 입국 여행국과 해외여행 소비국이 되었다. 여행업은 대중화·산업화의 새로운 발전단계에 접어들었다.

2012년 런던올림픽 개최 직전 영국정부는 올림픽이 영국의 여행업에 대한 영향을 과대 선전했다. 이런 정부의 선전에 일부 상가는 상품의 가격을 높이거나 상품 공급량을 늘렸다. 이렇게 되자 공급이 수요보다 많아져 영국정부의 예상은 참담하게 막을 내렸다. 하지만 중국 여행객의 소비액은 영국올림픽 여행시장의 '꽃'이었다. 올림픽이 시작한 첫 주에 중국 여행객의 평균 소비액은 각국 여행객의 소비액 중 단연 1위에 올랐다. 중국 여행객이 매번 소비할 때의 소비액은 203파운드로 2위 아랍에미리트 연합국 여행객의 소비액보다 10%나 많았다. 중국 여행객들의 소비액은 중국 올림픽대표단의 메달 수량만큼 세계의 앞자리를 차지했다. 당시 런던시장이던 Boris Johnson은 중국 여행객들에게 "소비 챔피언"이라는 메달을 발급해야 할 정도였던 것이다.

1980년대와 90년대 이후에 나타난 신생 농민공의 소비능력은 도시의 고수입 계층과 비교할 수는 없다. 하지만 그들은 중국의 미래 경제사회 발전의 주요 원동력이 될 것이다. 지금 신생 농민공의 총 인원은 1억 명에 달해 외지에 나가 일하는 전체 농민공의 60%를 차지한다. 기존 세대의 농민공들과는 달리 신생 농민공들의 생활방식은 더욱 도시화 되어 있어 새로운 소비관념을 가지고 있기에 인터넷 산업, 전자상품의 수요를 늘려주고 있다. 농민공들의 수입이 점차 늘어나고 있다. 이후 농민공들이 계속 도시에 남아 있거나 다시 고향으로 돌아간다고 해도 적지 않은 소비 성장점이 될 수 있을 것이다.

중국 서부지역과 내륙의 광활한 지역은 빈곤하고 발달이 느린 지역이다. 총칭(重慶), 청두(成都), 시안(西安)으로 이루어진 서부의 삼각경제지역은 창장삼각주(長江三角洲)·주장삼각주(珠江三角洲)·징진지(京津冀-베이징, 텐진, 허베이 3개 지역)의 뒤를 잇는 네 번째 경제지구이다. 이런 지역의 개발과 변화는 오랜 시간의 건설과 투자가 있어야 가능하며, 지속적인 발전 가능성을 가지고 있는 지역이다. 오랫동안 중국 대외무역 수출은 "동강서약(東强西弱)"의 형세였다. 동부에 위치한 11개 성의 수출총액은 전국 수출액의 90%를 차지한 시기도 있었다. 지금 동부지역 수출액의 증가가 늦어지는 상황에서 서부지역 여러 지방에서는 수출 지향형 경제로의 발전에 힘을 다하고 있다. 가공무역이 서부지역으로 이전하는 추세여서 ,서부지역은 중국 대외무역 수출입의 새로운 원동력이 될 것이다.

　2012년 7월 중국 서부지역의 여러 성에서는 괜찮은 '반년 성과'를 거두었다. 경제성장률이 10%를 넘어가는 서부지역은 세계의 경제성장을 이끄는 중국경제의 성장 포인트가 될 것이다. 2012년 상반기에 서부지역 도시주민의 수입은 GDP의 증가속도와 비슷하거나 더 많이 증가했다. 이는 서부지역 경제발전의 빛나는 성과이다. 적지 않은 다국적기업은 "중국경제 쇠퇴론"을 주장하면서도 여전히 중국 서부지역 투자에 열을 올리고 있다. 이는 그들이 중국 서부지역 시장의 거대한 발전 잠재력을 보았기 때문이다.

　제조자 : 중국의 수출상품은 글로벌 시장에 편의를 가져다주었다.

　시장경제를 격려하는 것은 WTO규칙의 하나이다. "중국 상품을 구매"로부터 "세계상품 매매"까지 많은 해외의 상인들은 국제무역기구에 가입한 후 중국이 보여주는 적극적인 반응을 보았기에"세계상품 매매"를 통해 더욱 큰 성과를 얻으려 하고 있다. 10여 년래 세계 소비자들은 '중국제'가 값싼 물건을 판매하기 위함이 아닌 수요에 따른 생산이며, 같은 상품에서 품질은 가격에 따라 다르다는 것을 알게 되었다.

난더(南德)그룹의 머우치중(牟其中)은 중러 민간무역에서 역사상 제일 큰 거래를 성사했다. 마우치중은 중국의 300여 개 공장에서 생산한 화물 기차 800여 칸의 일용품, 경공업 상품으로 러시아(당시의 소련)으로부터 Tupolev Tu-154 비행기 4대를 바꾸었다. 사람들은 아직도 이 상업적인 신화를 흥미진진하게 이야기하고 있다. 중국에서 만든 일용품을 구매하는 나라들이 많다. 예를 들면 경공업 발전이 늦은 러시아는 중국 상품을 수입하게 되면서 그들의 '단점'을 보완했다. 이렇게 글로벌 경제는 서로가 분담하면서 협조를 실현하고 있다.

미국의 백화점, 슈퍼마켓에서 중국제의 여러 가지 생활용품이나 국제적인 명품을 찾을 수가 있다. 미국에서 판매되는 거의 모든 복장은 중국산이다. 지난 10년간 미국시장의 중국 상품은 급증했다. '중국제'는 미국 일반 백성들의 일상생활에서 찾아 볼 수가 있다. 이침에 일어나 출근할 때 입는 출근복, 출근하거나 출장 때에 가지고 다니는 가방, 회사에서 사용하는 각종 사무용품, 여가시간에 사용하는 전자제품, 퇴근하여 집으로 돌아가서 저녁을 준비할 때 사용하는 취사도구, 애들이 가지고 노는 장난감, 운동할 때 신는 신, 취침 전에 켜는 탁상용 전등, 알람시계 등은 모두 Made in China이다.

특히 서방에서 제일 큰 명절의 하나인 성탄절이 되면 아이들이 신는 스케이트 신발, 모든 가정에서 적어도 하나씩 마련하는 크리스마스 트리, 각종 선물함은 거의 모두 '중국산'이다. 대다수 미국사람들은 실용적이다. 그들은 물건을 살 때 상품의 산지를 별로 고려하지 않는다. 그들이 고려하는 것은 그들이 선택한 상품이 그들의 요구에 얼마나 만족할 수 있는가 하는 것이며, 그에 상응하는 가격에 구매할 가치가 있는가 하는 데 관심이 있고, 그들의 수입에 알 맞는가 하는 데에 관심이 있는 것이다.

사실이 증명하다시피 미국사람들이 '중국산'을 선택하게 되면서 적지 않은 돈을 절약했다. 앞에서도 말했지만 주미 중국대사관의 통계수치에 따르면 지난 10년간 중국 상품을 선택하게 되면서 미국 소비자들은 6,000여 억 달러를 절약했다. 연구에 따르면 '중국제'로 인해 매 미국가정마다 1,000달러씩을 절약했다는 것을 볼 수 있다.

오늘날 '중공화'에 직면한 미국의 제조업은 부분적인 첨단제품을 제조하는 것 외에 대다수는 상품의 원가를 줄이기 위해 해외에서 외주 생산을 하고 있다. '미국제'상품이 점차 줄어들고 있는 상황에서 미국의 일부 사람들은 조급해 하고 있다. 미국의 CNBC는 특별기획 다큐멘터리를 제작했는데, '미국산'을 고집하는 한 미국 할머니가 '미국산' 상품을 사기 위해 여러 상점을 돌아다녀야만 필요한 물건들을 구입할 수 있었다고 했다. 일반 미국 사람들은 질 좋고 값싼 '중국제'상품을 선택한다. 모든 사람이 '중국제'상품보다 2배 혹은 3배 비싼 상품을 선뜻 선택할 수 있는 경우는 매우 드물다. 하버드대학의 한 교수는 "중국제'상품은 미국의 경제성장을 촉진해 주며 통화팽창(인플레이션)을 억제하는 작용을 하고 있다"고 했다.

'중국제'상품은 선진국 소비자들뿐만 아니라 동남아시아 국가연합의 소비자들에게도 큰 혜택을 주고 있다. 예를 들면 말레이시아 쿠알라룸푸르의 소비자들은 더욱 싼 가격으로 텔레비전을 살 수가 있다. 베트남 하노이의 동네 상점, 슈퍼마켓, 대형 쇼핑몰 등에서 판매하는 전자가구부터 작은 바늘과 실까지 '중국제'상품들이 진열되어 있기에 소비자들은 더욱 경제적이고 다양한 상품을 선택할 수가 있다. CAFTA의 체결로 태국의 농업, 어업, 목재, 고무, 전자 등 상업은 많은 혜택을 보았다. 태국의 많은 상품의 가격은 거의 100%나 인하되었다. 인도네시아 민중들은 처음에 중국 상품의 수입과 자유무역지구의 개설을 별로 좋아하지 않았기에 자유무역지구 개설을 늦추기를 요구했다. 하지만 시간이 지나면서 자유무역지구 개설을 지지하는 사람들이 많아졌다.

모조 휴대폰은 회색산업이지만 중국에서 수출하는 저가 모조 휴대폰이 없다면, 아프리카 와 일부 중동국가에서 휴대폰이 대중화는 많이 늦어졌을 것이다. 중국의 모조 휴대폰 생산은 유명 브랜드 휴대폰을 모방 생산하는 것에만 그친 것이 아니라, 기술, 디자인, 사용기능 등 방면에서 그들만의 새로운 혁신을 통해 만들어진 것이다. 오바마가 미국 대통령으로 당선된 시기 케냐에는 가짜 오바마가 모조 휴대폰을 홍보하는 광고가 나타났다. 인도 휴대폰 협회에서 발표한 수치에 의하면 2007년 인도에 수출한 하얀 휴대폰(즉 어떠한 브랜드 명도 없는 휴대폰) 수량은 놀라운 속도로 증가했다. 2007—2008년에 550만 대였던 휴대폰 수입량은 2009—2010년에 이르러 2,000만 대로 급증했으며, 2011년에는 3,800만 대나 수입했다.

소비자: 다국적기업이 중국시장으로 들어오고 있다.

2001—2010년 동안 중국에서 운영하는 외자기업이 송금한 외화는 2,617억 달러로 연평균 30%나 증가했다. 세계 각국에서 온 여러 다국적기업은 신비스러운 중국 대지에서 생기와 활력이 넘친 모습을 보여주고 있다. 옛날부터 지금까지 빈부를 떠나 "혀끝의 미각"을 중시한 중국 사람들은 "백성은 식량을 생존의 근본으로 여긴다." 코카콜라는 중국에서도 여전히 많은 소비자들이 좋아하는 음료수 이다. 2011년 3월 스타벅스

라는 새로운 로고 발표회에서 중국의 대표이사 왕진룽(王金龍)은 이렇게 말했다. "오늘날 스타벅스가 있게 된 것은 1999년 이후 중국의 발전이 있었기 때문이며, 이후 40년의 발전도 중국의 동행이 필요하다." 이미 중국에 3,000여 개 체인점을 가지고 있는 KFC는 Colonel Harland Sanders 할아버지의 미소를 중국 4성 도시의 경관으로 만들고 있다. 이런 호황은 KFC가 경영난에 부딪치고 체인점이 문을 닫고 있는 미국에서의 상황과는 완전히 다른 것이다. 맥도날드 체인점의 생성속도가 세계에서 제일 빠른 시장인 중국은 맥도날드의 세계 3대 시장이 되었다. 맥도날드의 중국 투자는 2012년에 전년 동기대비 50% 증가할 것으로 예측하고 있다. 맥도날드는 약 250개의 새로운 체인점을 개업하고 드라이브 스루(drive-through)도 중국에서 중점 발전시키려고 하고 있다.

복장분야에서도 중국 중산계층의 소비능력은 아주 빠른 속도로 성장하고 있다. 블룸버그 억만장자 지수(Bloomberg Billionaires Index)의 통계에 의하면 ZARA의 모회사인 Inditex SA의 주식은 2012년 8월 8일에 역사상 최고치를 기록했다. Inditex SA 창시자인 스페인의 76세인 Amancio Ortega의 재산도 16억 달러 증가해서 466억 달러에 달해 버크셔해서웨이 대표이사이며 재부 총액이 457억 달러에 달하는 워렌 버핏을 제치고 세계 제3대 부자가 되었다. 블룸버그 억만장자의 지수가 발표된 5달 동안 워렌 버핏은 줄곧 제3위를 차지했었다. 두 달 전 Ortega는 370억 달러를 보유한 스웨덴의 이케아 창시자 Ingvar Kamprad를 제치고 스페인 최대 부자에서 유럽 최대 부자가 되었다.

비록 스페인의 국내시장에서 ZARA는 채무위기를 겪고 있고, 정부에서도 유럽중앙은행에 지원을 요청하지 않는 상황이지만, Ortega의 개인 자산은 2012에 114억 달러로 32% 증가했다. "패스트패션의 선구자"는 무슨

수로 이런 성장을 가져올 수 있었는가? Ortega는 바로 중국 등 신흥국가에 대한 시장개발을 통해 많은 재부를 모을 수 있었던 것이다. '불혹'의 Inditex SA가 연속해서 12개 분기의 이윤 증가가 가능할 수 있었던 것은 중국 중산층의 거대한 소비시장이 있었기 때문에 가능했던 것이다.

중국의 거대한 자동차, 전자 공업 소비량에 관련한 회사들은 환호를 보냈다. 2011년 중국의 자동차 무역적자는 117억 달러로 2010년 보다 19억 달러나 많았다. 자동차 무역적자는 자동차 완제품의 수입의 힘이다. 2011년 중국 자동차 완제품 수입량은 103만 대로 전년 동기 대비 28%나 증가했다. 강력한 수요가 있기에 제너럴모터스는 중국에서 미국보다 많은 판매량을 기록했다. 중국시장은 BMW, 롤스로이스 등 고급 자동차 제조회사의 제일 큰 시장이기도 하다. 벤츠 회사는 2015년에 이르러 중국은 독일·미국을 제치고 벤츠가 제일 많이 팔리는 나라가 될 것이라고 예측했다. 애플사에서 새로운 모델을 출시 할 때면 새 제품을 사려고 몰려드는 중국 소비자들 때문에 중국의 애플 전문점을 지키고 있는 보안 인원 수량은 아일랜드 출신 록 밴드 U2가 미국 메디슨 스퀘어가든에서 공연을 할 때의 경찰 수량과 비슷했다. 2011년 중국내륙에서 애플 App Store로부터 다운 받은 다운 량은 미국의 뒤를 이어 세계 제2위였다.

금융계에도 비슷한 상황이 일어나고 있다. WTO에 가입한 10년 동안 중국정부는 금융업을 계속해서 개방했다. 해외자본 금융회사는 중국시장에 들어오면서 그들의 선진적인 관리이념과 풍부한 금융서비스 경험도 중국에 들여갔다. 해외자본의 금융회사도 급속히 발전하는 중국의 경제 환경에서 적지 않은 이득을 얻었다.

2004년 말 중국이 국제무역기구 가입 과도기를 거친 후 처음으로 완전히 개방한 금융업이 바로 보험업이었다. 10여 년간 저명한 『포춘』지의

500대 기업 선정에 이름을 올린 40여 개 해외 보험회사 대부분이 중국 보험시장에다 발을 들여 놓았다. 미국 10대 보험회사의 하나인 AIA생명은 상하이에 상하이AIA를 성립했다. 1990년대 초 중국에 들어온 AIA생명은 중국시장에서 새로운 성장공간을 찾았으며, 2010년 10월에 홍콩증권거래소에 상장해 홍콩 증권사상 제일 큰 IPO가 되었다.

수출자: 중국 요소는 기술의 혁신에 힘을 실어 주고 있다.

인류역사의 전환점이 되는 여러 가지 사건은 생산력의 변혁과 함께 나타났다. 세계경제의 단기간 발전은 소비량의 증가에 따라 나타난 것이고, 경제의 장기적 성장은 반드시 개혁에 의거해야 한다. 중국에서 수출되는 상품은 질이 좋고 값이 싸기에 소비자들의 생활원가는 낮아지고, 세계 각국 생산자들의 구매원가와 생산원가를 줄였다. 또한 중국상품 수입국의 해당 상품 경쟁력을 자극하여 그들이 기술혁신을 촉구하게 하는 효과가 있기에 생산개혁을 추진하는 역할을 했다.

중국의 우수한 인재들의 유출은 간접적으로 기타 국가 과학기술과 산업경쟁력을 높여주었다. 선진 국가는 가공, 조립 등 생산 절차를 노동력이 충족한 중국에서 완성하며 자국의 인력, 물력, 재력을 신흥 산업발전에 집중 사용하고 있다. 이렇게 세계의 거시적 경제구조는 조금씩 변화했다. 오늘날 세계 여러 지역에서 연구개발의 중점은 서로 다르며 큰 차이가 있다.

미국은 이미 신흥 산업연구에 거액을 투자하여 연구하기 시작했다. 미국은 새로운 에너지원을 개발하는 것을 중심으로 여러 가지 개발방향을 정했는데, 옥수수 알코올, 그린 전력, 고 효율적인 원거리 송전(輸電), 스마트 그리드, 태양전자판(Solar panel), 고 에너지연료 배터리 등 항목이 여기에 포함되어 있다. 2012년 12월 미국 에너지부 부장인 Steven Chu 는 5년간에 1.2억 달러를 들여 "New Energy Innovation Hub"를 건설해 선진적인 배터리 생산기술과 에너지 축적기술을 연구할 것이라고 했다. 2012년에 미국정부는 전기화학에너지 저장기술 연구를 앞당기기 위해 먼저 2,000만 달러를 투자했다.

고 신기술 연구 사업이 전체적으로 미국에 뒤떨어져 있는 유럽은 연구 개혁의 중점을 생명과학에 두었다. 1997년 영국 에든버러 로슬린연구소 에서 탄생한 세계의 첫 체세포 복제양 돌리는 세계에 큰 충격을 안겨주 었다. 2010년 5월 스웨덴 스톡홀름 생명과학 실험실을 정식으로 사용하 면서 유럽 가문비나무 게놈 연구가 시작되었다. 스웨덴은 2013년 전에 "성탄나무"의 게놈을 완성할 것이라 했다. 유럽 가문비나무는 잎이 사 시장철 파란 침엽 상록수인데 성탄나무로 많이 사용된다. 스웨덴은 유 럽에서 제일 큰 게놈 연구센터를 건설하여 세계에서 처음으로 게놈학과 단백체학을 통합하기로 했다.

세상 사람들은 소니(Sony)의 '워크맨(walkman)'을 20세기 일본의 최 고 발명품이라고 한다. 워크맨은 젊은이들이 제일 애용하는 전자제품이 되었다. 21세기에 들어서 일본의 기술 혁신이 느려져 다시 20세기로 돌 아갔다는 말도 있지만, 로봇기술은 여전히 세계 1위를 차지하고 있다. 2010년 5월 바이올린을 켤 수 있는 '파트너 로봇'이 상하이엑스포에서 처 음으로 선 보였다. 같은 해 9월에 일본 지바공업대학에서는 무릎을 굽히 고 사방으로 이동할 수 있는 로봇인 'Core'를 연구 개발했다. 'Core'는 약 96kg의 물건을 운반할 수 있다. 같은 해 10월 일본 산업기술종합연구소 와 오사카대학에서는 공동으로 여러 가지 얼굴 표정을 나타낼 수 있는 로봇을 개발했다. 이 로봇은 컴퓨터 카메라로 젊은 여성의 얼굴 표정을 인식하면 로봇은 같은 표정을 지을 수 있다.

세상에는 원래 길이 따로 없었다. 아시아 태평양 신흥경제시장의 경제 실체의 혁신 중점은 전자정보산업이다. 그들의 높은 신기술이 비록 세계의 선두에 있지는 않지만 그들은 상품의 라이프 사이클을 이용해 대규모의 표준화된 생산으로 생산원가를 낮추었고, 대규모의 판매망을 주요 경쟁력으로 해서 기타 경제실체의 상품을 판매하고 있다. 독특한 핵심경쟁력은 신흥 경제실체의 성장 포인트가 되었다. 미국 애플사의 애플 휴대폰은 인기 상품이 되었다. 한국의 삼성, 중국 타이완의 HTC도 스마트폰 시장의 지분을 점유하고 있다.

공헌자: 중국의 궐기는 파트너를 발전시키고 있다.

아시아, 아프리카, 라틴아메리카의 여러 발전도상국에 있어서 중국은 그들의 "거대한 친구"이다. 중국은 동남아시아 지역 현지에서 경제활동을 할 때 그들의 국제 분업기회를 빼앗으려 하지 않고, 다국적기업이 동남아시아에서의 발전을 촉진케 해주어 현지의 경제를 활성화시키고 있다. 중국은 부품 수입 등 공급 사슬에서 동남아시아 여러 나라와 서로 협력하며 리스크를 함께 분담한다. 노동 집약형 생산과 산업 변경을 통해 동남아시아 경제실체의 발전에 유리한 작용을 하게 하고 있다.

2004년 10월 중자(中資)기업(싱가포르)협회에서 주최한 "중국 공상업계 리더스 포럼"에서 동남아시아 국가연합의 전 사무총장 Ong Keng Yong(王景榮)은 이런 연설을 했다. "중국의 궐기는 동남아시아 국가연합 경제발전의 위협이 아니라 경제가 발전할 수 있는 좋은 기회를 주고 있다. …… 동남아시아 국가연합과 중국의 자유무역구 건립은 양측의 경제발전 목표를 실현할 수 있는 좋은 방법이다."

원자재, 농산품, 반제품과 자금을 대량 필요로 하는 중국은 동남아시아 국가연합 수출기업이 선호하는 수출국이다. 2009년 국제 금융위기의 영향으로 미국, 유럽연맹, 일본으로 수출하는 말레이시아의 수출액은 각각 27%, 19%, 23% 감소했지만, 대(對)중국 수출액은 60% 증가했다. 같은 해 태국은 미국, 유럽연맹, 일본에 대한 수출무역액이 18%, 23%, 22% 감소했고, 중국과의 수출무역은 1%만 감소했다. 2010년 CAFTA가 체결되면서 '제로 관세'가 실행되었다. 이런 상황에서 태국의 중국 수출액은 30%증가하여, 중국은 미국을 제치고 태국의 제1수출 시장이 되었다. 태국 방콕의 차이나타운인 Sampeng 거리의 중국 상품 도매시장은 '제로 관세'의 혜택으로 수입원가가 낮아져 상인들의 수입은 예전보다 많아 졌다.

중국은 상품과 상품요소의 글로벌 경쟁을 통해 발전도상국 무역파트너들이 인력자본 축적과 관련한 정책을 제정케 하여 생산의 혁신을 적극적으로 진행하게 함으로써 각항 내부의 개혁을 촉진시켰다. 라틴아메리카에서 제일 큰 나라이며 세계 6대 경제실체인 브라질의 과학기술과 혁신능력은 라틴아메리카에서 1위를 차지한다. 에탄올 가솔린, 재생에너지 이용 등 방면에서 브라질은 세계의 선두를 차지하고 있다. 다국적기업이 브라질에서 연구개발한 일부 상품(자동차, 비행기, 소프트웨어, 광파이버, 전자제품 등)은 국제적으로 높은 경쟁력을 가지고 있다.

2011년 6월 30일 프랑스 파리 근교의 '유럽경영대학원'으로도 불리는 인시아드(INSEAD)와 유엔 지식재산권 조직은 파리에서 공동으로 2011년 글로벌 혁신지수 순위를 발표했다. 2010년에 60위였던 브라질은 혁신에 큰 노력을 하였기에 2011년에는 13위나 상승한 47위에 이름을 올려 러시아, 인도, 아르헨티나보다도 앞섰다. 중국은 29위로 처음으로 30위안에 들었는데, 이는 2010년 보다 14위 상승한 순위이다.

중국은 기타 경제실체에 적극적으로 자금, 기술 등 대외원조를 진행했다. 2011년 4월 21일 중국 국무원 신문판공실이 발표한『중국의 대외원조』백서에 따르면 2009년 연말까지 중국은 161개 나라와 30개 국제조직에 지원을 했으며, 중국의 지원을 자주 받는 발전도상국은 123개에 달했다고 한다. 중국의 대외원조 금액은 인민폐 2,562.9억 위안에 달했는데, 그중 1,062억 위안은 무상원조였고, 765.4억 위안은 무이자대출이고, 특혜 대출은 735.5억 위안이었다. 중국은 발전도상국을 위해 중국에서 여러 가지 인재를 육성해 주었는데, 실습생, 관리인원, 기술인원 등 모두 12만 명을 육성해주었다. 경제, 외교, 농업, 의료위생, 환경보호 등 20여 개 분야의 내용을 전수해 주었다. 중국은 아프리카, 아시아, 라틴아메리카, 카리브해지역과 대서양지역의 50여 개 국가·지역과 채무감면 의정서를 체결해 380건의 채무를 면제해 주었는데, 그 금액은 255.8억 위안에 달했다.

아프리카의 제1무역 파트너인 중국은 아프리카에서 150여 개 농업 항목에 투자를 했다. 중국 투자자들은 광산자원이 거의 전무하지만 900만 명의 소비자가 있는 에티오피아를 기회가 가득한 대지로 만들어주었다. 케냐의 수도 나이로비 비행장, 공공 지원 주택 등 거의 모든 건물은 중국 건축회사가 건설한 것이다. 중국은 모잠비크에서 산업단지를 투자 건설했으며 방직품과 기성복 생산센터를 건설했다. 2011년 중국이 아프리카에 한 직접투자는 130억 달러였고, 쌍무무역은 1,550억 달러였다. 중국기업이 아프리카에 투자하면서 아프리카의 인프라시설을 개선했고, 아프리카 국가들의 제조업을 발전시켰다.

중국은 라오스, 앙골라 등 전 세계 71개 저개발국들과 무역수지 적자를 유지하고 있다. 2008년 이후로 중국은 저개발국들의 최대 수출국이 되었다. 중국은 저개발국의 경제발전에 유리하며 세계의 빈부차이를 줄이는 사업에 적극 참여했다.

제2부분
체제와 구조

제2부분
체제와 구조

세계 공장으로서 중국의 '피동성'과 '주동성'

'기러기가 나는 형태론(雁型模)'과 국제산업의 '수건돌리기식' 이전

1960년대부터 동아시아지역에서 산업은 릴레이식 경기가 진행되있다. 첫 주자는 선진국인 일본이고, 다음 배턴을 이어받은 나라는 신흥공업경제실체에 넘겨졌다. 구체적으로 다음과 같다. 즉, 일본 → 중국 홍콩, 한국, 싱가포르, 중국 타이완 → 동남아시아 국가연합인 인도네시아, 말레이시아, 필리핀, 태국 → 중국, 베트남 등 대외개방을 선택한 발전도상국 순이다. 이와 같은 이동은 마치 기러기가 차례로 날아가는 듯한 형태를 보이고 있다. 기러기 떼의 맨 앞에서 날아가는 기러기가 바로 제2차 세계대전 이후 미국의 수중에서 '세계 공장' 칭호를 물려받은 일본이다.

1985년 말 중국정부는 외자 유치정책을 완화하여 수출형 외자기업이 중국에서 투자하고 공장을 건설하는 것을 환영했다. 중국 홍콩 등 경제실체의 자본은 대량으로 중국 내륙으로 들어왔다. 생산요소의 자유로운 유동과 합리적인 배분을 기초로 하여 중국은 세계 선진산업의 이동을 받아들여 생산량은 크게 제고되었다. 1990년대 중후기, 중국 사람들은 궁핍한 생활에서 벗어났다. 새 중국 성립 이후 백성들은 처음으로 물자가 풍부한 시기를 맞이하게 되었다. 새로운 세기에 들어서면서 중국의 경제학을 공부하는 학생들은 그들을 배워주는 선생님들과 같이 헝가리 경제학가 Kornal이 사회주의 경제학을 묘사한 『결핍경제학(Economics of Shortage)』을 연구할 필요가 없게 되었다.

1997—1998년 아시아 금융위기 후 중국은 일본으로부터 '세계 공장'을 물려받았다. 중국은 '피동적'으로 세계 공장이 되었다. 아시아 금융위기는 세계금융의 외곽을 엉망진창으로 만들었지만, 세계 금융의 중심은 글로벌 자원의 배분기능이 여전히 변하지는 않았다. 세계는 여전히 자원의 배분을 필요로 했고 이런 수요는 날로 증가하고 있다.

동남아시아 경제실체의 생산양식이 크게 흐트러진 상황에서 유럽의 주문서는 중국으로 날아들었다. 당시 중국의 생산력은 밀려드는 주문을 감당한 능력이 없었다. 당시 월가와 런던이 금융의 세계 자원 배분기능을 수행하고 있었다. 외국상인들은 중국에 자금이며, 설비며, 기술을 가져왔다. 중국의 값싼 토지, 노동력, 환경 등의 요소는 그들을 불러들였다. 방대한 중국시장도 그들을 부르고 있었다. 일부 연도의 외자유치 금액은 미국을 제치고 세계 1위가 되기도 했다.

유럽과 미국은 생산을 부탁했고, 해외기업은 생산라인을 건설했다. '세계 공장'릴레이의 배턴은 불시에 중국의 손에 쥐어졌다. 이렇게 세계 생산라인에 합류하게 된 중국은 세계경제에서 없어서는 안 될 주요한 구성부분이 되었다. 중국의 생산능력이 넘쳐나고 무역흑자가 나타나며, 세계 제1의 외화보유액을 가진 나라가 되었다. 이는 국제 독점자본의 글로벌 재배분에 의해 나타난 결과였다.

피동적으로 '세계 공장'의 타이틀을 갖게 된 중국은 좋기도 하지만 우려도 많았다. '세계의 공장'인 중국이 더욱 적극적으로 경제의 글로벌화에 참여하였다. 중국은 취업률이 높아지고 경제도 빠른 속도로 증가하였다. 산업은 구조조정을 거쳐 더욱 완성되어 갔고, 생산자와 소비자들의 복지는 향상되었으며, 정부와 기업, 그리고 주민들의 수입도 크게 높아졌다. 그간 글로벌 가치배열에서 제일 낮은 부가치가의 상품과 탄소배출량이 비교적 높은 상품 생산을 진행했던 중국이 계속 비슷한 생산주문만 받지 않을까 걱정하지 않으면 안 되게 되었다. 신상품의 시험생산, 주요 부품의 생산 그리고 판매, 판매 후 고객서비스 등은 선신국의 몫이었다. 모듈생산[03]은 한국이나 중국 타이완 같은 신흥공업화 경제실체에서 진행되었고, 부품조립 등 이윤이 상대적으로 적은 작업은 중국에서 진행되었다.

몰랐던 사실에 우리는 놀랄 때가 많다. 451개 부속품으로 이루어진 iPod은 미국에서 299달러에 판매되고 있다. iPod 한 대에 미국 본토의 애플사는 80달러, 도매상과 판매상은 75달러, 부품제조상은 8달러의 부가가치를 가져가고, 일본은 26달러의 부가가치를 가져가지만, 중국은 iPod 한 대에 겨우 4달러의 가공비만 남겼다. 한 대의 iPod가 미국으로 수출하게 되면 중국은 미국과 150달러의 무역흑자를 기록하게 된다. 하지만 중국의 노동자가 iPod 한 대를 생산하면 겨우 판매가격의 1.6%인 8달러의 수입만을 얻게 된다. 하지만 미국 애플사는 iPod 한 대에 150달러의 이윤을 남겨 판매가격의 30%를 갖게 된다. iPod의 주요 부품 생산지인 한국도 34달러의 이윤을 가져가는데 중국은 겨우 한국의 1/4을 가

---

03) 모듈생산 : 업종은 제조업이지만 회사 내에 생산공장을 가지고 있지 않거나 가능한 한 최소한의 시설만을 보유하고, 부품이나 완제품을 외부기업으로부터 조달해 최종제품을 판매하는 기업을 말한다

져갈 뿐이다.

중국이 세계의 공장화가 되면서 중국과 기타 경제실체 간의 무역은 삼각무역을 형성했다. 생산요소와 산업구조를 서로 보완하면서 동아시아 지역은 깊은 연계가 있는 국제산업 배분 구도를 형성했다. 이런 산업 배분에서 중국은 중개무역을 위주로 하는 중국 홍콩과의 무역에서 흑자를 기록했고, 동아시아 각 경제실체와의 무역은 자주 적자를 기록했으며, 미국과 유럽연합 등 세계 기타 경체실체와는 거액의 흑자를 기록했다. 반대로 동아시아의 경제실체는 중국 및 세계 기타 국가와의 무역에서 모두 흑자를 기록했다.

비록 중국이 동아시아 발전도상의 경제실체가 최대 수출시장이기는 하지만, 중국은 수입한 대부분의 상품을 유럽연합과 미국에 수출하는 상품제조에 사용하였다. 예상함 바에 따르면 중국이 미국과 유럽연합에 100달러의 가공상품을 수출할 때, 약 35~40달러는 동아시아 경제실체의 경제성장에 공헌하고 있다고 한다. 세계무역에서 동아시아 각 경제실체에서 자본재를 수출하고, 복잡한 부품 등을 생산한 다음 중국에서 이런 부품을 가공조립해 완제품으로 만든 다음 중국은 다시 유럽과 미국시장에 수출하는 무역패턴을 형성했던 것이다.(그림 2—1)

기타 경제실체와 비교했을 때 세계 공장인 중국은 가공무역이 대외무역의 반을 차지하는 자기만의 대외무역 특색을 가지고 있다. 예를 들어 중국을 빵집에 비유할 때 수입 밀가루에 필요한 조미료를 추가한 후 노동력을 고용하여 만든 값싸고 맛있는 빵을 만들어 수출하는 상황이다.

빵의 판매가격이 밀가루보다 비싸기 때문에 마지막에 수출되어 판매하는 빵의 가격은 수입한 원재료보다 비싸기 마련이다. 그렇기 때문에 중국의 가공무역 흑자는 당연한 것이다.

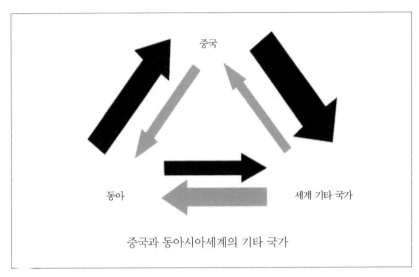

중국과 동아시아세계의 기타 국가

그림 2-1 중국의 전체 무역 흑자의 배후: 동아시아와의 무역적자
주: 검은 색과 회색 화살은 무역흑자와 무역적자를 표시하며, 화살의 방향이 무역차액이 크다는 것을 의미한다.

대외무역의 성장방식을 변화시키려면 가공제품의 부가가치를 높여야 하는데, 부가가치가 높을수록 중국은 더 많은 이윤을 남기게 되고, 무역 흑자도 커진다. 하지만 이렇게 되면 '무역균형'의 목표와 '부가가치의 증가'는 서로 모순이 된다. 또한 인민폐의 화폐가치가 상승하고 수입원재료의 가격을 인민폐로 계산하면 가격은 더 떨어지고, 수출하게 되는 완제품의 가격은 높아진다. 따라서 가공무역의 흑자는 더 커진다. 중국경제가 과열된 상태인 경우에는 수입원재료와 1차 제품이 수출이 아닌 국내생산에 사용될 때만 중국의 대외무역은 적자를 기록하고 있다.

'윈텔리즘[04]'과 글로벌 생산양식의 '자력효과'

제2차 산업혁명을 통해 현대 대공업이 완성된 후 미국을 대표로 하는 서방기업은 포드시스템의 생산형식으로 세계경제를 새로운 높이로 성장시켰다. 정신노동과 체력노동의 분공이 명확하던 시기인 포드시스템 시기는 생산라인의 분업은 극도로 세분화되었기에 생산율은 크게 향상되었다. 때문에 완성품 생산이 대규모적으로 진행될 수 있었고, 이는 군중들의 대량적 소비가 가능하게 했다.

1960년대 토요타 자동차를 위주로 하는 일본 제조업은 일본의 문화와 기업적 특점과 미국의 포드시스템을 결합시켜 토요타시스템을 만들었다. 토요타시스템은 일본공업의 현대화와 일본기업의 해외확장에 큰 기여를 했다. 토오타시스템은 노동자를 기업의 장기 자산이라 여기는 시스템이며, 설계자와 생산자는 아무런 구애받지 않고 의견 교류를 할 수 있는 시스템이었다. 이런 교류와 최적화된 생산을 통해 상품을 완성되었다.

포드와 토요타시스템에서 대부분의 상품은 여러 개의 부품으로 나뉘고 여러 개 가치사슬을 가지고 있지만, 기업은 전체 가치사슬로 경쟁했다. 매개 가치의 절점(節點, node[05])이 독립적인 산업부문으로 발전되지 않았기에 어느 한 가치 절점은 경쟁력에 큰 영향을 주지 않는다. 때문에 포드와 토요타시스템 모두 전형적인 자동차공업을 대표하고 있다. 1990

---

04) 윈텔리즘 : 마이크로소프트와 인텔이라는 미국의 두 기업이 자신들의 기술표준을 통해서 세계 컴퓨터산업에 구축한 '구조적 지배'를 상징한다.

05) 절점 : 네트워크 혹은 그래프 가지의 끝점이나 도표나 그래프에서의 교차점을 말하는데, 데이터 등이 이동을 위해 처리 또는 최종 도달하는 특정 네트워크상의 핵심 지점으로 나무구조에서 종속하는 데이터항목의 기점 등을 말한다.

년대 이전, "빅블루(big blue)로 불리는 IBM은 일본 및 서유럽의 경쟁자들과의 경쟁에서도 포드시스템(부분적인 토요타시스템)의 생산방식으로 하드웨어와 소프트웨어를 생산하고 애프터서비스를 진행했으며 융자와 임차 업무를 완성했다. 이런 시스템은 수직 생산시스템이다.

1970년대 말 개인 컴퓨터의 탄생 이후 계산기 산업은 포드시스템의 분업과는 달랐다. 마이크로소프트사의 Windows와 인텔사의 마이크로 칩이 결합되면서 수직형의 생산시스템은 수평형으로 변화되었다. 20세기 말엽, 특히 80년대 이후에는 포드시스템과 토요타시스템의 우수한 부분을 경합하고 발전시킨 새로운 생산시스템인 윈텔시스템이 나타났다. 윈텔시스템은 신형의 국제생산방식으로 첨단기술 조건 하의 국제화 경제시대에 부합되며, 국제경쟁력을 가진 새로운 생산시스템이다.

윈텔시스템의 특징은 아래와 같다. 상품의 일정한 표준 하에 세계의 자원을 효율적으로 안배하여 표준양식에 따라 상품모듈을 생산하고 조립한다. 표준 제정자는 상품의 가치사슬의 모든 과정과 모듈생산의 분배 및 최종 목표인 모든 생산 참여자들의 공동이익을 기초로 표준화를 제정한다. 윈텔시스템은 글로벌 생산체계에서 다국적기업을 매개체로 글로벌 가치 사슬의 수평 혹은 수직이나 혼합형의 국제생산 배분이라는 미시형식으로 생산단계의 분업을 기초로 한 생산을 형성하거나 상품의 대내외무역의 급격한 확장을 가져온다. 윈텔시스템은 경제 글로벌화의 영향을 폭넓게 확대시켰다.

모듈화, 외주생산과 대규모적인 맞춤제작은 윈텔시스템 생산기업의 3대 법보이다. 규모와 범위의 효력을 추구하는 포트시스템과 달리 윈텔시스템의 응집효과는 "분리와 통합 조절"을 거쳐 세계경제 무대에서 자신의 실력을 아낌없이 보여주었다. 모듈화 생산방식, 외주생산 그리고 공급의 사슬관리 및 현대 물류업의 발전으로 윈텔시스템을 적용한 회사는 단기간에 새로운 상품을 대량생산할 수가 있게 되었다.

윈텔시스템은 생산 속도 면에서 절대적으로 우세하다. 시장경쟁은 상품의 차별화를 요구하며 기술 함량이 높은 제품을 요구한다. 산업이 빠른 속도로 업그레이드되고 있는 지금 빠른 생산속도와 대규모 생산에 적합한 시스템을 원한다. 윈텔시스템은 전통적인 상품주기를 대대적으로 단축시켰다. 상품이 출시되면 다국적 생산시스템을 통해 신속하게 세계시장에 확산시켜야 한다. 만약 상품의 생명주기 초기에 시장에 들어가지 못하면 기업은 규모의 경제를 실현할 수 없고, 심지어 연구개발 비용도 회수하기 어렵게 된다.

상품생산 효율을 극대화시키기 위해 글로벌 생산네트워크는 날로 확장되고, 글로벌 FDI는 지속적으로 증가하고 있으며, 부속품·반제품 등 화물이 국제무역에 참가하는 횟수는 크게 늘어났다. 1990년대 이후 일부 선진국은 자본과 기술 집약형산업을 발전도상국으로 이전시켰을 뿐만 아니라 심지어 첨단산업 중 부가가치가 비교적 높은 연구개발·가공제조 및 서비스 등 생산공정을 일부 발전도상국으로 독립 이전시키고 있다. 이런 생산공정의 이전은 신형 외주 가공업을 형성했다. 이런 패턴은 수출자(주요하게 선진국)의 생산원가의 최적화를 가져오게 하였으며, 수령자(주요하게는 신흥 경제실체와 발전도상국)가 기술을 향상시키고 산업구조를 최적화시켜 수출자와 수령자 모두 이윤을 얻는 윈윈의 양식인 것이다.(그림 2-2) 만약 포드시스템을 내부화 산물이라고 한다면, 토오타시스템은 산업화 산물이다. 윈텔시스템은 경제 글로벌화의 필연적인 산물이라고 할 수 있다. 이런 신형의 다국적 생산시스템은 세계의 산업구조를 재편성하게 하였다. 생산규모와 생산원가에 대한 윈텔시스템의 요구는 동아시아에 새로운 기회와 도전을 가져다주었다.

동아시아지역의 생산네트워크에서 수평형 구역분업과 전통적인 기러기가 날아가는 현태인 안행형태의 무역도 신속하게 발전했다.

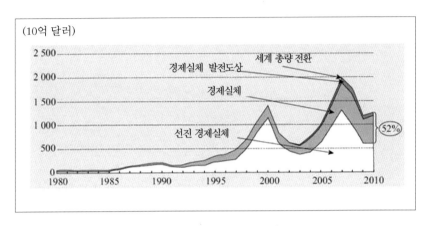

그림 2–2 발전도상 경제실체 및 진환 경제실체는 글로벌 FDI 유입량의 절반이상을 차지한다.
자료 출처: UNCTAD, World Investment Report 2011, p.3.

1990년대 중기 이후 중국은 주문자상표부착생산방식(Original Equipment Manufacturer-OEM)의 생산기지가 되었다. 방대한 시장, 저렴한 원가, 대량의 우수 인재, 양호한 관련 능력 등 유리한 조건 하에 중국 대륙은 새로운 산업 이전의 우선 선택 지역이 되었다.

중국의 매수는 세계의 생산사슬에서 대체불가의 고리가 되었다. 중국의 값싼 노동력과 표준도달 능력으로 여러 다국적 기업은 중국에서 이윤을 창출하고 있다. 대량의 다국적기업이 중국에 건설한 공급사슬의 한 고리는 그들의 글로벌 전략의 주요 구성부분이 되었다. 디자인, 원재료 구매, 생산, 판매 등 일련의 생산을 필요로 하는 모든 다국적기업은 중국이라는 시장을 벗어나기가 어렵게 되었다.

중국은 일본, 한국, 중국 타이완 등 지역으로부터 자금, 기술, 기계 설비와 첨단 부속품, 모듈 등을 수입하고, 동남아시아 여러 국가로부터 자원형 상품, 1차 산업 상품과 제품 원자재를 수입하고, 싱가포르와 중국 홍콩으로부터 금융, 법률과 무역 서비스를 받는다. 중국은 이런 항목을 수입하여 중국 국내에서 가공, 조립, 제조와 포장단계를 통해 완제품을 생산한 후 북미와 유럽 여러 국가에 수출하거나 중국 국내의 소비수요를 만족시키고 있다.

1978년 개혁개방 초기 중국의 수출액은 세계 32위였다. 중국이 세계의 가치사슬에 개입하고 세계 및 동아시아 지역의 생산 네트워크에 참여하면서 1999년, 2000년, 2009년의 수출액은 620.9억 달러, 2,492억 달러, 1조 2,016억 달러로 세계 15위, 7위, 1위가 되었다. 2002년 이후에는 국제 금융위기의 영향을 받은 2009년을 제외하고 중국의 수출액은 매년 20%~30%의 성장을 기록했다. 수출은 중국경제의 빠른 성장을 이끄는 주요 경제 역량이 되었다.

세계적인 강력한 브랜드 효과와 마케팅 서비스로 선진국은 글로벌산업 가치사슬의 제일 큰 이윤을 가져갔다. 중국은 제일 낮은 부가가치의 생산을 완성하고 있기에 가공·조립의 이익만을 얻고 있다. 유럽과 미국 등 선진국은 비록 수치상으로 무역적자를 기록하고 있지만 그들 특유의 산업구조가 있기에 그들의 취업률이 낮아 진 것이 아니고, 연구 개발, 해상운수, 마케팅, 금융 등 여러 분야의 취업률을 상승시켜주고 있다. 이런 상황에 선진국은 제조업의 "산업공동화" 현상이 나타났다.

글로벌 생산에서 중국은 가공과 조립 중심의 역할을 하고 있다. 이는 시장경제 환경에서 자연적으로 형성된 산업 배분에 따른 것이다. 무역투자를 통해 중국과 기타 경제실체는 산업의 일부 생산과정에서 경쟁하고 협력한다. 이런 경쟁과 협력을 통해 표준과 규칙을 제정하는 제정자와 이를 실행하는 실행자는 서로 이윤을 얻게 된다.

지금 중국은 이미 세계상품의 가공 중심이 되었으며, 세계 제일의 상품 공급자가 되었다. 또한 중국은 세계에서 제일 큰 상품과 서비스 수출입국이 되었다. 중국경제와 세계경제가 서로 의존하는 글로벌 시장의 글로벌 생산 라인은 양측 모두에게 큰 매력으로 다가갔다. 중국경제는 세계를 떠나 존재할 수가 없으며, 세계경제 역시 중국을 필요로 한다. 그런 점에서 중국의 발전은 세계경제 발전의 유기적인 참여자라고 할 수 있는 것이다.

글로벌 시장의 '장점'과 '단점'

적은 원가, 대 규모 생산: 중국의 천부적인 '비밀병기'

중국의 기본 국책의 하나인 개혁개방은 자력갱생, 평등호혜의 기초에서 대외개방을 통해 적극적으로 국제시장에 진입하여 국제분업에 참여하는 것이다. 또한 중국은 국제경제의 무역 관례에 따라 적당히 관세를 개방하여 국내외 각종 생산요소가 생산에 참여하도록 하여 경제 생산품이 양쪽으로 원활하게 유동하여, 국내외 시장이 더욱 효율적으로 연결되고 융합되게 하여 중국의 경제발전을 촉진케 하는 것이다. 이러한 점으로 미루어 보면 중국과 세계의 관계가 더욱 깊어질수록 외부의 환경은 중국경제에 더욱 큰 영향을 미치게 되며, 중국 경제가 발전할수록 중국경제는 세계경제와 더욱 친밀한 연계가 이루어지기 마련이다.

한 경제실체가 국제 분업에서 어떤 부가가치의 생산과정을 배분받느냐 하는 것은 그 나라의 천부적인 자원에 의해 결정된다. 일반적으로 기술요소가 풍족한 경제실체는 연구개발과 설비 등 생산과정을 배분 받게 되고, 자본요소가 풍족한 경제실체는 마케팅 업무가 배당되며, 노동력이 풍부한 경제실체 대부분은 상품생산과 가공업을 위주로 한다. 그렇기 때문에 과학적 연구와 브랜드 마케팅이 약하고 국제무역에서 가공무역이 비교적 큰 비중을 차지하는 중국은 "무역의 양쪽이 해외"에 있고 "수입과 수출이 모두 많은 상황"이 나타나게 된 것이다.

"두 가지 이익이 충돌할 때 이익이 많은 쪽을 선택하고, 두 가지 폐단이 나타나면 폐단이 적은 것을 선택한다"는 우세원리에 따라 중국은 국제분업에서 저렴한 노동력이 많은 우세를 발휘하게 되는 것이다. 국제무역기구 가입 시 약속했던 사항에 따라 중국은 외자 산업정책을 완전히 하고, 지식재산권 보호를 강화하며, 해외기업의 투자환경을 최적화하여 해외자금과 기술이 본국의 노동요소와 상호 결합하여 자신의 경제를 발전시키며 양측 모두 이윤을 얻을 수 있는 목표를 완성하게 되었다.

"산이 있는 지역에서는 산을 이용하고, 바다를 끼고 있는 지역에서는 바다에 의거해 생활한다"는 말이 있다. 지리적 환경과 천부적 자원은 중국과 세계 기타 경제실체가 산업구조에서 서로 보완할 수 있음을 결정해준다. 중국 국내의 산업구조는 국가무역 구조와 자원, 노동, 기술, 시장, 토지, 환경 등 여러 가지 요소는 국제경제 무역에 참여할 수 있는 기본조건이 되고 있다.

비록 중국은 땅이 넓고 물산이 풍부하여 자급자족의 자원을 가지고 있지만, 석유와 순도 높은 철광은 부족하다. 그 외에도 목재와 종이도 부족하다. 그런데 남아시아, 아프리카, 대양주, 중동은 이런 자원이 풍부하다. 러시아와의 무역을 예로 든다면, 중러 양측의 자원 보완작용은 선명한데 중국은 자연자원이 부족하고 원유가 부족한 반면 러시아는 인력

자원이 부족하고 일용상품이 부족하다. 따라서 중국과 러시아는 서로에게 큰 시장이 되는 것이다.

중국은 8억 벌의 청바지로 겨우 에어버스(Airbus) A380 한 대를 바꿀 수 있다. 중국의 제1 수출시장이며 기술을 제일 많이 도입하는 지역인 유럽연합은 중국의 제2대 수입지역이기도 하다. 유럽연합과 중국은 경제방면에서 서로가 장점을 가지고 있기에, 고도의 상호 보완을 보여준다. '유럽 디자인'이 '중국 제조'와 만나고 '유럽 기술'이 '중국 시장'과 만나 쌍방은 협력하고 보완하여 각자의 장점을 발휘하는 바람에 거대한 효율을 가져왔다.

중국과 미국의 무역은 장기간 동안 경쟁이 아닌 협력관계를 유지할 것이다. '중국의 제조'와 '미국의 제조'는 정면으로 마주칠 일이 별로 없다. 세계의 공장인 중국은 미국이라는 시장이 필요하기 때문에 미국 사람들이 근검절약하고 쇼핑을 줄이기를 바라지 않는다. 발달한 미국의 가상경제는 중국이라는 큰 공장을 필요하기에, 진정한 원원을 가져올 수 있는 것이다. 뿐만 아니라 1회용 젓가락, 이쑤시개와 영아들의 일회용 기저귀를 대량으로 필요로 하는 중국도 미국의 제조가 필요하기에 미국의 취업률을 높여주고 있는 것이다.

중국과 일본의 중소기업도 높은 상호 보완성을 보여주고 있다. 중국은 풍부하고 우수한 노동력을 가지고 있고, 일본은 높은 기술과 엄격한 관리방식을 가지고 있고, 국제시장에 개입한지 오래되었다. 중국과 일본 양국은 무역, 기술, 투자에서 협력하고 있다. 중일무역에서 식품무역은 전형적인 상호 보완하고 있음을 잘 보여준다. 중국에서 수출하는 식품의 1/4은 일본시장으로 간다. 일본은 90%의 마늘, 땅콩과 버섯을 중국으로부터 수입한다.

중국과 경제수준이 비슷한 발전도상국도 괜찮은 상호 보완을 보여준다. 이런 상호 보완은 무역의 형식으로 양측의 경제발전을 촉진시켜주고 있다. 예를 들면 중국과 말레이시아·태국은 사무용 기계, 가전제품, 자동정보 처리설비 방면에서 상호 보완을 완성하고, 중국과 인도네시아·필리핀은 강철·기계 및 운송 설비 등 방면에서 상호 보완을 완성하고 있다. 의류방면에서 중국과 동남아시아 국가연합은 비록 경쟁이 존재하지만 서로 보충하는 면도 있다. 첫째 중국은 목화 생산의 대국인 반면, 동남아시아 국가연합은 면방직 원재료의 70%를 수입하고 있다. 둘째 동남아시아 국가연합은 기술과 설비의 자아 발전이 느린 반면, 중국은 방직기계를 자급자족하고 나머지를 수출하기도 한다. 셋째 중국과 동남아시아 국가연합에서 생산하는 의복의 원료와 디자인이 서로 다르기에 수출상품도 서로 보완하는 상황이 나타나게 된다.

기술상품의 서로 다른 발전단계에 따른 상품의 생명주기이론은 성실하게 일하고 지혜로운 중국 사람들을 일깨워주었다. "영원히 운 안 좋은 사람은 없다고 하듯이 내일은 우리에게 행운이 올지도 모른다." 국제산업의 이전으로 중국은 다른 나라의 주문을 받아 생산하면서 매년 새로운 경제성장을 기록하고 있다. 기술 유입과 자주적 연구개발을 통해 중국은 서방국가와 달리 "적은 원가로 기술혁신을 하고 대규모 생산"으로 미래에 대비하고 있다. 세계 우두머리들과의 경쟁과 협력에서 중국기업은 좋은 기회를 놓치지 않고 자신의 경쟁력을 높이고 있는 것이다. 서로 다른 의견은 보류하고 먼저 같은 점을 찾는 것이 중국의 정치적 지혜라고 한다면, 서로의 차이점을 찾아 보완하고, 실력에 따라 생산하는 것은 국제분업에서 중국이 불패의 신화를 이어 갈 수 있는 이유인 것이다.

적은 이윤, 높은 배당: 중국 제조의 '시장법칙'

세계인을 매료한 애플사의 iPad는 중국에서 생산했는데, 그중 2/3는 쓰촨(四川) 청두(城都)와 충칭(重慶)에서 생산된 것이고, 1/3은 광둥(广東) 둥관(東莞)에서 생산되고 있다. 차이점을 찾아 서로 보완 가능한 항목을 찾는 것 외에 중국의 경제규모도 중국경제가 성장할 수 있는 비밀병기이다. 전통적 장점이 점차 사라지고 있는 지금 생산규모는 중국경제의 주요 경쟁력이 되고 있다. 중국의 규모 있는 수입은 더욱 큰 이윤으로 나타나는 것이 아니라 낮은 가격과 적은 이윤으로 높은 점유율을 보장하는 것이다.

전 세계의 기업은 이윤의 최대화를 목표로 하고 있다. 이는 전형적인 경제학의 이론에 알맞은 것이며 사람들도 이를 인식하고 있다. 하지만 중국의 산업은 적은 이익 혹은 제로 이윤의 방식으로 세계시장의 최대 점유율을 얻고자 하고 있다. 이는 중국산업의 특징이다. 때문에 "중국에서 무엇을 사도 비싸고, 무엇을 팔아도 싸야 팔린다"는 말이 나타난 것이다. 1. 무슨 물건이든 절대로 중국 사람에게 생산하는 방법을 가르치지 말아야 한다. 2. 중국이 생산을 시작한 상품은 생산하지 말라. 위 두 가지는 세계 산업계에서 나온 말이다. 미국의 신발 제조업을 예를 들면, 미국이 매년 신발 100켤레 수입한다면, 그중 97켤레는 중국에서 생산한 것이다. 하지만 미국에서 2004년 9월 스페인 엘체시처럼 "신발을 불태우는 사건"은 나타나지 않았다. 이는 미국의 신발 제조 노동자들이 신발 판매상으로 되었기 때문이었다. 미국의 신발 제조업은 '안락사'를 택했던 것이다.

일본, 미국 등 기술 혁신국은 텔레비전, 비디오 레코더, DVD, 자동차 등 산업을 960만 ㎢의 중국으로 이전했다. 상품의 생명주기 초기에 이미 숙련공을 가지고 있던 중국은 다시 노동자들을 배양할 필요가 없고, 수입 원자재 가공시장이 이미 형성된 중국이기에 생산은 어렵지 않다. 원가와 규모를 경쟁력으로 중국의 생산량은 수직 상승했다. 중국이 생각하는 것은 이윤이 아니라 점유율인 것이다.

중국은 세계적인 산업을 형성할 만큼의 첨단기술을 가지고 있지 않고, 중국의 자연자원은 방대한 인구수에 비교하면 풍요로운 것도 아니다. 중국의 금융업 발전도 선진적이지 않고 중국 노동자들은 "학교의 직업훈련"을 거치지 않았기에 노동생산율은 상대적으로 낮았다. 아무런 장점도 없는 중국이 시장을 보유하게 되었기 때문에 이러한 중국의 발전에 세계는 놀랐다. 이처럼 변변찮은 조건으로 큰 몫을 담당하는 것이 중국의 유일한 장점인 것이다.

영국 『파이낸셜 타임스』의 보도에 따르면 2010년 중국은 세계 제조산업 생산량의 19.8%를 차지해 110여 년간 제일 큰 상품 제조국인 미국의 19.4%보다 조금 높아 이미 세계 제조 산업 생산량이 제일 많은 나라로 되었다. 경제 사학가들은 1830년 중국 제조업의 생산량은 세계의 30%를 차지했는데, 1900년에는 6%좌우로 내려갔고, 1990년에는 겨우 3%를 차지했다고 한다. 그 후로 저렴한 노동력과 외국기업의 강력한 투자에 힘입어 중국은 빠른 속도로 미국을 따라 잡았다.

최근에 들어 세계에서 150억 켤레의 신발을 생산하면 "중국 제조"는 그중 100억 켤레 이상을 생산해 세계 신발 생산량의 67%를 차지하면서 세계에서 제일 큰 신발 제조국과 수출국이 되었다. 시장조사회사인 Display Search가 2011년 11월에 발표한 통계에 따르면 2011년 9월 중국의 TCL, Hisense(하이신-海信), Skyworth(창웨이-創維) 세 개 브랜드의 LCTV판매량이 세계 10위권에 들었으며, ChangHong(창홍-長虹), KONKA(캉자-康佳)의 판매량도 세계의 앞줄을 차지했다. 중국기업은 세계 LCTV 생산량의 20% 이상을 점유하여 36%의 점유율을 기록한 일본과 30%의 한국을 위협하고 있다. 중국 본토시장에서 좋은 성적을 기록한 중국기업은 이미 해외시장을 겨냥하고 있다. 국제무역기구에 가입한 10년 동안 중국 방직 의복상품의 수출량은 세계의 1/3을 차지하고 있지만, 여전히 "소리만 높고 이윤은 적으며 무역 마찰을 초래"하는 곤경에 처해 있다.

해외에 이름을 날린 중국의 화웨이(HUAWEI)는 그들이 전자통신설비 시장에서 성공을 거둔 방법을 이용해 상품을 낮은 가격으로 판매하면서 경쟁자들을 누르고 시장 점유율을 확보하고 있다. 2011년 화웨이의 스마트폰 판매량은 500% 증가하여 2,000만 대를 돌파했다. 2012년 이 판매량은 두 배 넘게 증가할 것으로 보인다. 저가 스마트폰은 생산하는 화웨이는 중국 타이완의 HTC 등 기업을 위협하고 있다. 시스코(Cisco) CEO John T. Chambers도 인터넷설비 시장에서 산전수전을 겪은 화웨이를 제일 큰 경쟁자로 여기고 있다.

중국의 노동력, 토지, 환경 등 생산요소 원가가 높아지고 있기에 외국 자본은 기초시설과 관련 생산시스템, 그리고 소비수요와 법규·금융 등 조건이 중국보다 완벽하지 않은 동남아시아 경제실체로 이전하고 있다. 2012년 늦가을에 VANCL에서 생산한 일부 셔츠에 부착된 상표에서 "Made in China" 아닌 "Made in Bangladesh"를 찾아 볼 수가 있다. 결과적으로 '중국 제조'는 처음에 저렴한 노동력의 우세를 자랑했지만, 그 후에는 규모경제와 우수한 유관한 시스템으로 경쟁력을 키우고 있다. 만약 고도로 발전한 미국 월가의 금융시스템이 가상경제를 최고의 경지로 끌

어올렸다면, 중국 특유의 국가상황에서 나타난 '중국 제조'는 시장 점유율 방면에서 실체 경제를 크게 발전시켰다.

평소 보수적인 미국의 연구기구인 미국기업산업협회(United States Business and Industry Council, USBIC) 연구원 Alan Tonelson은 세계 최대 상품 제조국의 자리를 내놓게 된 것은 '모닝콜'을 받았기 때문이라고 했다. 하지만 미국은 높은 생산율을 자랑하고 있다. 2010년 미국의 생산량은 중국보다 조금 적었지만, 생산에 참여한 미국 제조업 노동자들 수량은 겨우 1,150만 명이었고, 중국 제조업에 참여한 노동자는 1.5억 명에 달했다. 또한 중국 제조업에서 생산한 상품 대부분은 중국에 있는 미국 자회사에서 생산했다. 특히 전자 상품 생산은 미국 기술로 생산되고 있다.

"낮은 이윤, 높은 점유율"의 방식은 오래 지속될 수가 없다. 중국은 국제분업 방법을 이해해야 하며, 서로의 이익을 위해야 하며 '중국 제조'는 응당 질량을 높이고 상품 전환과 생산의 업그레이드가 필요하다. 상품 생산 주기에 높은 기술력을 보유하는 것이 가격을 높이고 이익을 증가시키기 위해서라고 생각하지 말아야 한다. 사실 높은 기술력은 산업의 새로운 경쟁력이 되고 있는데 이것이 바로 고효율 하의 낮은 원가를 의미한다. 적은 원가와 높은 기술력은 중국의 산업이 업그레이드 된 후의 주요 경쟁력이 될 것이다.(그림 2−3)

그림 2—3 세계에서 활개를 치고 있는 '중국 제조'는 질적 변화를 갈망하고 있다.

세계 비즈니스모델에서의 '변화'와 '불변'

글로벌 경제시대에 자신의 경제발전을 위해 각 경제실체는 그들의 이익에 입각하여 국제 경제의 관계를 처리한다. 만약 국제정치의 기초가 강권이라면, 국제경제의 기초는 이익이다. 각자의 이익으로 결성된 합작 동맹과 참혹한 경쟁은 한 끗발 차이이다. 경쟁을 통해 인류는 진보하고 합작 동맹은 큰 규모와 상호 보완이 가져다주며 이를 통해 거대한 이익을 얻는다. 그렇기 때문에 합작과 경쟁은 경제 글로벌화 과정에 시장 경쟁의 영향 하에 객관적으로 존재하는 것이다.

선진국들의 사이, 발전도상국과 선진국과의 사이, 발전도상국들 사이의 경제무역에는 합작과 경쟁이 병존한다. 또한 합작은 더욱 긴밀해지고 확대되어 가고 있고, 경쟁은 더욱 다양화되고 있으며 격렬해지고 있다. 선진 경제실체와 발전도상 경제실체 간의 협력이 실현될 수 있는 것은 선진국이 시장에 참여하려는 기회를 얻으려 하고, 발전도상국이 선진적인 기술과 관리경험을 배우려고 하기 때문이다. 발전도상국 간의 경쟁이 존재하는 이유는 그들의 경제구조, 천부적인 요소, 수요 방면, 과학기술 방면의 차이가 적기 때문에 상호 보충해주고 의존하는 경우가 많지 않고, 외자 유입, 국제 원조, 수출시장 등 여러 방면에서 이해충돌이 발상하기 때문이다.

국제무역에서 발생하는 경제경쟁으로 인해 세계경제는 균형을 잃어 간다. 또한 이런 불균형은 합작과 협력의 초기단계이기도 하다. 경제경쟁은 각 경제실체 간의 유형상품과 무형상품의 상호교류를 존재하게 하며, 자원의 유무에 따른 효율적인 재부의 재분배가 가능토록 하고 있다.

윈텔시스템에서 글로벌 생산네트워크는 '경합'의 플랫폼이며, 경쟁이 좋은 방향으로 발전하고 협력이 지속되도록 한다. '보이지 않는 손'을 가진 시장은 글로벌 생산네트워크를 통해 경제실체 간의 경쟁과 합작을 촉진시키며, 국제경제 관계의 '경합'시스템을 형성시켰다. 각 지역과 다지역 간의 특혜무역협정(Preferential Trade Agreement, PTA)과 WTO는 '경합'이 이루어지는 거시적 플랫폼이다.(표 2-1) 글로벌경제의 격렬한 경쟁은 지역경제 일체화를 통해 경쟁력을 높이고 있다. 지금 세계는 경제는 주로 유럽, 북아메리카, 아시아 세 개의 판도로 나눠지는데, 유럽에는 유럽연합(European Union, EU), 아메리카에는 북미자유무역협정(North American Free Trade Agreement, NAFTA), 아시아태평양지구에는 아시아태평양경제협력체(Asia-Pacific Economic Cooperation, APEC), CAFTA, 동남아시아 국가연합 10+3회의 등이 있다.

표 2-1 2010년 세계에서 이미 효력을 발생하고 있는 여러 PTA 일람(서류를 제출 여부와 관계없음)

	양자	다자	다자: 적어도 한 측은 PTA
선진국 사이	6	9	9
선진국과 발전도상국 사이	29	6	41
발전도상국 사이	135	36	18
동일지역 내	81	39	26
여러 지역 사이	89	12	41

자료 출처: WTO Secretariat, World T rade Report 2011, p.61.

21세기 이후 중국은 세계 수출입무역에서 중요한 역할을 하며 여러 경제실체의 최대 무역 파트너가 되어, 글로벌 생산네트워크에서 가공 제조의 중심이 되어 생산의 중추역할을 하고 있다. 중국은 세계와 지역의 조화로운 경제무역 합작전략을 실시하며 국제경제와 더욱 큰 범위, 더욱 높은 수준 및 깊이 있는 합작을 진행하고 있다.

중국은 다자무역협정에 적극적으로 참여했다. WTO 도하라운드 담판에서 적극적인 작용을 했으며, 백여 가지 제안을 제기해 담판의 중심에 진입하였으며, 더욱 개방되고 공평한 국제무역 환경을 위해 적극적인 역할을 했다. 또한 중국은 양자 및 구역경제 협력을 적극 추진하고 있다. 중국은 163개의 양자 무역협력을 위한 시스템을 건립하였으며, 129개의 양자간 투자협정을 제정하여 구역경제의 일체화를 위한 제정자가 되었다. 중국은 이미 뉴질랜드, 싱가포르, 칠레, 페루 등 선진국과 발전도상 경제실체와 10가지 자유무역협정(Free Trade Agreement, FTA)를 체결했으며, 현재는 6가지 FTA 담판이 진행되고 있다. 2010년 중국-동남아시아 국가연합 자유무역구가 정식으로 체결되어 발전도상국 사이의 최대 자유무역구가 되었다. 이 자유무역구의 체결은 동아시아 경제의 일체화를 촉진시키고 있다. 2010년 말 중국은 31개 나라 및 지역과 14개

FTA 협상을 진행하고 있으며, 양자 간 무역액은 5,213억 달러에 달해 대외무역 총액의 1/4을 차지했다.

소통과 협력을 강화하여 국제경제의 사무를 처리하는 과정에서도 각 경제실체 간의 경쟁은 종래 사라진 적이 없었다. 예를 들면, 그린에너지 등 신에너지 영역에서 중국과 미국 양국의 협력은 이미 실질적인 행동 단계에 들었지만, 두 나라는 국제 그린에너지 방면의 발언권을 다투고 있다. 2010년 10월 미국무역대표사무실은 『1974년 미국 무역법』의 「301호 조례」에 따라 미국 강철노동자연합회가 자국의 풍력·태양에너지 등 신에너지 기업에 유리한 보호정책을 실시하는 중국정부의 '불평등 원조'를 고발한 사건을 조사하기 시작했다. 이렇게 중미간 신에너지 경쟁은 공개 석상에 드러나기 시작했다.

각종 형식의 경쟁과 협력과정에서 각 경제의 실체는 거시적이거나 미관적인 양적 작용을 하고 있다. 나선형으로 적극 상생하는 그래프를 그리고 있는 경합은 생산에 적극적인 영향을 미치고 있다. 경합의 협력 작용으로 경제는 성장하고, 무역투자 규모는 확대되고, 복지는 제고되고 있다. 경합의 경쟁 작용 하에 산업구조가 갱신되고 있고, 경쟁의 우세가 선명해지고 있으며, 대외경쟁력은 제고되고 있다. 시장의 규칙과 이익의 제약, 균형 작용을 통해 경합은 상호에게 이익과 혜택을 주며, 서로에게 원원하는 결과를 가져다 줄 것이다.

경제무역 경쟁에서 각 경제 실체간의 제일 짙은 '화약 냄새'는 무역마찰로 인해 나타난다. 21세기 첫 10년 간 각 경제실체 발전의 불균형성, 산업과 무역구조의 경쟁성, 지역무역그룹의 배타성, 무역에 의한 이익분배의 모순성 및 경제무역 문제의 정치화 등은 국제무역의 보호주의가 악화되는 상황을 초래하고 있다. 각 경제실체는 각종 무역구제라는 '무기'로 자기나라 산업과 시장을 보호하고 있기 때문이다.

글로벌화가 발전된 오늘 각 경제실체 간의 의존도는 높아지고, 이 세상은 다시는 이웃에 화를 떠넘기고 독단적으로 일하는 시대로 돌아갈 수 있는 가능성은 매우 적다. 지금 무역 보호주의는 주로 공정한 무역이라는 명목하에서 전통적인 반덤핑, 반보조금, 특수보장대책을 이용하고 있으며, 상품의 질량표준, 기술성능의 표준, 위생검역 및 동식물검역 표준 등 기술표준은 새로운 무역의 보호수단으로 되고 있다. 환경보호 에너지절약 온실가스 감축표준, 사회보장제도, 환율제도 등은 마찰의 원인이 되고 있다.

국제시장에서 중국 상품이 많아질수록 중국의 전통적인 수출상품과 일부 첨단기술 상품을 겨냥한 유형·무형의 무역보호 대책이 끊임없이 나타나고 있다. WTO가 발표한 통계에 따르면 중국은 이미 연속적으로 17년 동안 반덤핑·반보조금에 대한 조사가 제일 많이 나타난 WTO 회원국이었다. 전 세계의 35%의 반덤핑 사건과 71% 반보조금 사례에 중국이 연루되어 있는 것이다.

2010년 이후로 유럽의 부채위기, 미국의 부채위기가 연속적으로 일어나면서 글로벌경제의 회복은 여전히 불안정하고 불균형한 상황이다. 이런 상황에서 중국은 무역 보호주의의 타격을 제일 많이 받은 지역이 되어 있는 것이다. 중국은 WTO 회원국의 권리를 적극 이행하는 한편 나라의 이익과 산업의 이익을 굳건히 보호하며, 무역마찰에 적당히 대응하는 한편 실제행동으로 무역 보호주의를 반대했다. 2008년 국제 금융위기가 확산되고 있을 때, 중국은 30여 개 구매단을 해외로 보내 수입을 촉진하고 대외투자 성장에 기여했다.

2010년 중국의 수출상품은 66건의 무역 구제조사를 받아야 했는데, 관련 금액은 71.4억 달러에 달했다. 2011년 스페인정부는 수입 신발 관련 정책을 발표하였는데, 디자인과 재질이 비슷한 수입 신발의 CIF 가격이 세관 리스트 가격보다 낮을 경우 물건을 압류한다고 했다. 신발 상인들이 리스트 가격에 따라 관세, 부가가치세와 관련 벌금을 바친 후에야 물건을 가져갈 수 있게 되었다. 미국의 40여 개 대형 판매업체는 2011년 12월 1일부터 새로운 산업표준에 따라 수입하는 핸드백과 신발류 상품의 납 함유량을 제한한다고 했다. 이 표준은 이후에 허리띠와 기타 액세서리 상품에도 적용할 것이라고 했다.

2012년부터 중국을 겨냥한 무역보호주의 정책은 더욱 심해졌다. 신형 에너지, 강철, 화학공업, 방직, 지식재산권 등 영역의 무역 보호조치는 3개월 전보다 80%나 많아졌다. 유럽연합은 중국에서 수입하는 태양에너지 상품과 통신제품에 관해 '반덤핑' '반보조금' 조사를 할 것이라고 했다. 독일의 Solar World는 이미 유럽연합위원회에 중국으로부터 수입하는 태양에너지 제품에 대한 반덤핑조사를 할 것을 건의했다. 만약 유럽연합이 중국의 화웨이, 중싱(中興-ZTE) 등 회사의 통신제품에 대한 '반덤핑' '반보조금' 조사가 입안되면 이는 중국을 겨냥한 제일 비싼 '반덤핑'·'반보조금' 조사가 될 것이다.

미국은 중국의 인민폐 환율 제도를 끊임없이 비판하고, 중국의 무역정책도 비평하고 있으나 중국 대외무역의 최대 수혜국은 바로 미국이다. 미국은 중국이 그들의 지식재산권을 보호해 줄 것을 요구하면서 중국의 첨단기술 도입을 제한하고 있다. 또한 미국은 중국에 대한 투자에서 여러 가지 혜택을 요구하면서 미국에 진출하려는 중국기업에 여러 가지 장애물을 설치하고 있다. …… 이는 서로에게 혜택을 주며, 공정하고 서로가 가지고 있는 장점을 상호 보완해야 한다는 국제무역의 원칙과 상반되는 현상이다.

"혼자 즐길 것인가?" 아니면 "함께 즐길 것인가"?

중국 고대 유가학설 중에는 오늘날에도 여전히 의미가 있는 아성 맹자(亞圣孟子)가 양혜왕(梁惠王)에게 건의한 "혼자 즐기는 것은 함께 즐기는 것만 못하다"고 하는 사상이 있다. 이 논리는 지금 세계 비즈니스모델 중 새로운 단어인 "포용적 성장(inclusive growth)"의 새로운 발전방향이 되고 있다.(그림 2-4) Inclusive은 "폭넓은, 포괄적인, 포함한" 등의 의미를 가지고 있다. "포용적 성장"은 2007년 아시아 개발은행에서 제일 먼저 제기한 것이며, 각 국제경제조직에서 이 정의를 보완했다. 포용이라는 것은 즉 모두 받아 들여 함께 보존하고 자신과 타인에게 모두 혜택이 돌아가게 한다는 것을 의미한다. 공유란 어느 누가 혼자 누리고 혼자 방대해지는 것을 반대하는 것이다.

포용적 성장은 더 많은 사람들이 글로벌의 성과를 누리고, 소외 계층이 보호를 받을 수 있으며, 경제성장을 추구하는 과정의 사람과 자연계의 균형을 유지한다는 등의 내용이 포함된다. 포용적 성장은 더욱 전면적이고 균형적인 발전이 있어야만 단순 경제의 폐단을 극복하여 경제의 성장, 사회 진보, 민중의 생활개선, 자원 환경의 지속적인 발전이 이루어질 수 있다는 것을 주장하고 있는 것이다.

먼저 글로벌 자원의 패턴은 변화하였고, 세계의 경제역량은 균형적인 추세를 보이고 있다. 더구나 많은 신흥 공업화국가가 생산과 자본의 글로벌 배치에 참여하고 있다. 중국, 인도, 러시아, 브라질, 남아프리카공화국으로 이루어진 브릭스(BRICS)는 세계경제발전의 주요 추진역량이 되고 있다.

그림 2—4 여러 이익집단과 경제·사회 환경 사이의 조화로운 발전이 바로 "포용적 성장"이다.

지금 대부분의 신흥 공업화국가인 신흥경제의 실체는 선진국보다 빠른 성장을 보이고 있다. 이들의 쾌속 발전은 기타 경제실체의 쇠퇴로 인해 늦어지는 경제발전을 이끄는 역할을 하고 있다. 이렇게 신흥경제의 실체는 글로벌 경제의 발전과정에서 가격 결정권과 발언권을 가지게 되어 글로벌 자원의 배분에 중요한 작용을 한다. 2001—2010년, 신흥경제 실체의 평균 경제발전 속도는 6%를 넘어 2.6%를 기록하는 선진국 평균 발전 속도와 4.1%의 세계 평균 발전 속도보다 빨랐다. 2010년 중국, 인도와 브라질의 GDP 성장률은 10.3%, 9.7%와 7.5%를 기록했다.

국제시장에서 브릭스의 영향력은 날로 명확해지고 있다. 국제 원자재 상품시장에서 중국은 석유, 금속 광산 및 콩을 필요로 하고, 러시아는 석유와 천연가스를 공급하고 있으며, 브라질은 철광석과 커피를 공급하는데, 모두 국제시장의 주요 필요 물품과 공급원으로 국제 원자재 상품 시장의 가격에 영향을 미치고 있다. 국제 금융시장에서 브릭스는 대량의 해외 자산을 가지고 있으며, 브릭스의 해외자산 배분의 변화와 다국적 자본유동의 변화는 세계 주요 화폐의 환율과 이율에 큰 영향을 미치고 있다.

동시에 신흥 시장의 경제실체의 상업시스템도 변화하고 있다. 신흥 경제의 실체는 규모 경제와 첨단기술의 혁신을 꾀하고 있다. 그들은 생산의 집약화를 위해 노력하며, 새로운 에너지원을 발전시키고 자원 절약, 환경보호, 전자정보, 생물 등을 대표로 하는 첨단 기술산업에 투자하여, 구조의 최적화와 산업의 새로운 발전을 촉진하여 자신의 천부적 자원 특점에 부합되는 현대의 생산시스템을 형성시켰다. 이 외에도 총 1,200억 달러의 규모를 가진 다자 체제의 아시아 채무시장 등 지역내부의 시장을 건립하는『치앙마이 이니셔티브(Chiang Mai Initiative)』가 체결되면서 신흥 경제실체의 경제는 강력하고 적극적인 발전을 가져오게 되었다.

글로벌 생산네트워크의 특징인 모듈화와 조율화는 현대공업 생산의 기본적인 사유이다. 국제적 생산양식은 가치사슬의 다극화 및 공유형으로 발전하는 추세를 보이며, 산업가치 사슬의 다른 생산과정의 분리와 통합은 국제무역의 보편적 상황이 되었다.

동아시아지역의 생산네트워크에서 가공, 조립 및 생산 제조의 중추 역할을 하고 있는 중국은 서로 다른 발전단계의 여러 경제실체를 신형 국제 생산시스템에 참여토록 하여 모든 가입자들이 자신의 특정한 장점을 활용하여 글로벌화의 혜택을 얻기를 바라고 있다. 또한 전 세계의 상품과 요소의 국제유통에 적극 참여하는 중국은 수출지향의 발전전략에서 수출과 수입을 모두 중시하고, 무역의 균형을 위하는 전략으로 변화했다. 중국의 수입 수요는 대체로 유럽과 미국에 수출하는 완제품 생산에 사용되는 부품, 모듈 등 '간접 수요'와 중국 국내에서 소비하는 '직접 수요'가 있는데 '간접 수요'는 줄어들고 '직접 수요'는 늘어나고 있다.

글로벌 FDI의 흐름과 내원은 세계경제 포용성의 성장을 관찰할 수 있는 주요 관찰 포인트다. 중국 등 발전도상국과 과도경제의 실체는 세계 해외직접투자의 증가를 가져오는 주요 역량이며, 2010년 이들의 외자 유입총액은 선진경제 실체와 비슷했다.

서브프라임 모기지론 위기에 세계 금융 중심인 월가 및 런던성도 타격을 받았으며, 글로벌 자원배치 능력도 타격을 받았다. 이런 상황은 중국 기업이 자신의 이익으로부터 출발하여 글로벌 자원배치에 참여할 수 있는 기회를 마련해 주었다. 글로벌 자금, 기술의 집결과 통합조절과정에서 '세계 공장'이던 중국은 '세계 투자자'로 바뀌고 있다. 주문을 받아 생산만 하던 중국은 주문하는 역할을 하고 있다. 국제정치 및 경제사건을 받아들이기만 하던 중국은 '제조자'로 되어가고 있는 것이다. 중국의 "12차 5개년계획" 말기에 이르러 "중국인의 경제"(GNP로 나타난다)는 "중국경제"(GDP로 나타난다)를 따라잡고 있다. 중국은 자본의 수출과 수입의 균형을 실현하고 있는데, 이는 중국이 '대국'에서 '강국'으로 향하는 주요한 첫 발자국이다.

글로벌 생산양식도 변화하고 있다. 가수요에 의해 세계경제의 성장을 이끌던 시기는 이제 사실 수요의 성장이 경제성장을 이끄는 시대로 되돌아왔다. 여전히 고공행진을 하는 세계 원유가격에 글로벌 생산의 판매패턴은 더욱 포용적으로 경제성장을 조절하고 있다.

서브프라임 모기지론 위기 이후, 시장은 투자수익이 높은 가상경제 자원을 재배치하는 방식으로 조정되고 있으며, 선진국은 제조업을 회복하는 방향으로 조정되고 있다.

당시 영국 국무총리 고든 브라운은 영국은 먼저 제조업을 회복시킬 것이라고 했다. 이어 미국 대통령 오바마도 2015년에 미국의 수출을 배로 늘리고, 200만개의 일자리를 증가시킬 것이라고 했다. 2009년 말에 제조업의 앞날을 긍정적으로 바라본 워렌 버핏(Warren Buffett)은 BNSF철도(Burlington Northern Santa Fe Railway Company)를 인수했다. 이어 유럽연합도 유럽 27개국은 응당 제조업을 발전시켜야 한다고 강조했다. 이어 일본도 제조업을 발전시킬 것이라고 강조했다. 신흥경제실체의 국내시장 수요가 증가함에 따라 제조업도 회복되고 있다. 신흥시장으로 수출하는 수출무역의 증가는 선진국 제조업이 회복할 수 있는 주요 원인이 되고 있다.

한편으로 계속 상승하는 국제 원유가격에 글로벌 운송원가도 부단히 높아지고 있다. 이는 국제시장 요소배분 패턴과 요소가격의 불안정성을 의미하는 것이며, 기존의 글로벌 생산판매시스템을 위협하고 있다.

여러 다국적 회사는 운송원가를 절약하기 위해 글로벌 생산시스템을 버리고 생산과 조립 라인을 본국이나 본국과 가까운 지역으로 옮기고 있다. 여러 미국의 전자제품 제조회사는 중국에 있던 생산라인을 미국과 가까운 멕시코로 옮기고 있으며, 미국 소비자들도 더욱 많은 '미국 제조' 상품을 살 수 있게 되었다. 2009년 나이키(Nike)가 중국 국내의 유일한 신발 생산 공장인 타이창공장(太倉工厂)을 닫은 후, 아디다스(adidas) 중국 본부도 2012년 전에 중국 쑤저우(蘇州)에 있던 유일한 직속 공장의 문을 닫을 것이라고 했다. Clarks, K-Swiss, Bakers 등 국제 신발업계의 거두들은 베트남, 인도네시아의 생산라인을 늘리고 있다. 해외자본은 생산요소가 더 싼 동남아시아 국가로 이전하게 되면서 미국의 슈퍼마켓에서는 여러 나라에서 생산한 다양한 상품들을 만날 수 있게 되었다. 이는 생산 산업의 다양화를 의미한다.

다음은 국제 화폐시스템에서 나타난 다양한 경쟁이 다극화 되어가고 있다. 인민폐의 영토화 및 국제화의 발전과정은 국제사회의 주목을 받고 있다.

첫째, 달러는 여전히 글로벌 외화보유와 국제상의 지불과 결산을 하는데 있어서 주요한 화폐이다. 하지만 이런 절대적인 지위는 점차 약해지고 있다. 세계의 여러 나라는 다양한 외화보유고를 만들어 무역에서 자신들의 화폐로 결산을 하거나 지불화폐를 조정하기도 한다.

둘째, 유럽통합시대의 산물인 유로는 심각한 도전에 직면해 있다. 하지만 통합하려는 유럽의 정치적 염원이 여전히 존재하고 있고, 독일, 프랑스, 이탈리아가 이를 뒤엎지 않으면 유로는 여전히 존재하게 될 것이다.

셋째, 중국은 연속해서 10여 년간 국제무역에서 수출입 흑자를 기록하면서 인민폐의 국제 경쟁력과 영향력도 함께 제고되었다. 금융시장과 관리시스템이 완벽해지면서 인민폐 자본 개방도 순차적으로 진행되고 있다. 2006년에는 인민폐의 국제시장 유통량이 일본을 넘어섰다. 동남아시아 국가연합과 중국 홍콩지역에서의 인민폐의 유통량과 보유량도 크게 증가했다. 2011년 9월과 11월 나이지리아와 태국에서 인민폐를 외화보유액으로 계산한다고 결정했다. 2012년 7월 사우디아라비아도 인민폐를 외화보유액으로 계산한다고 하면서 외화 보유화폐는 점차 다양해지고 있다. 2017년 7월 인도네시아 중앙은행에서 중국대륙에서 발행하는 인민폐 유가증권을 구입하면서 인민폐를 외화 보유화폐로 인정했다.

예측한 통계에 의하면 전 세계 외화보유액 중에서 인민폐의 자산은 약 150억~200억 달러에 달할 것이라고 한다.

마지막으로 기후변화를 위한 국제협력이 일정한 진척을 보이고 있다는 것이다. 이 과정에서 중국도 주요한 공헌을 했으며, 근년 래 에너지절약 및 온실가스 감축과 환경의 적자상환에 최선을 다하고 있다.

1997년 12월 일본 교도에서 진행된 『유엔기후변화협약』 제3차 당사자회의가 진행되었다. 이 회의에서 선진국 온실가스 배출량 제한에 관한 『교도의정서』가 제정되었다. 『교도의정서』는 2010년까지 선진국은 이산화탄소 등 6가지 온실가스 배출량을 1990년보다 5.2% 줄여야 한다고 규정했다. 미국은 이 협정 내용이 미국의 경제성장을 저해한다고 여겨 이 협정을 거부했으며, 『교도의정서』에는 중국·인도 등 나라의 온실가스 배출량을 줄여야 한다는 규정이 없다면서 항의하였다. 2001년 4월과 2011년 12월 미국·캐나다도 『교도의정서』에서 퇴출하였고, 일본과 러시아의 태도도 소극적이다. 글로벌 기후변화 거버넌스에서 유럽연합의 영도력도 약화되었다.

객관적으로 볼 때, 선진국은 그들의 '지나친 배출'에 대해 책임지려 하지만, 신흥공업국가와 발전도상국의 협력이 없으면 자신들의 노력이 헛되이 돌아 갈까봐 걱정하고 있다. '생존 배출'의 신흥공업국은 온실가스 배출량을 줄이면 공업화가 늦어 질까봐 걱정하고 있다. 많은 발전도상국에서는 온실가스 배출량 감축을 위한 자금과 기술에 관심이 있으며, 온실가스 배출 감소과정에서 이익을 얻을 수 있는지, 온실가스 배출을 감소하면서 발전할 수 있는지를 걱정하고 있다. 그렇기 때문에 남북의 협력이 없었고, 발전을 위한 '포용'을 고려하지 않으면 온실가스 배출감소는 실현하기 어려운 문제이다.

2009년의 코펜하겐회의부터 2010년의 칸쿤회의, 2011년의 더반회의에 이르기까지 국제 기후협력은 실질적인 진전을 가져오지 못했다. 신흥시장 경제국은 자신의 요구를 충분하게 표명했다. 지금의 글로벌 생산네트워크와 산업구조에서 중국을 비롯한 발전도상국은 글로벌 산업라인에서 상품조립, 적은 부가가치, 높은 탄소배출량이 특징인 생산과정을 완성하고 있고, 대부분의 완성품은 선진국에서 소비하고 있다. "누가 소비하면 누가 돈을 지불해야 한다"는 것이 비교적 공정하고 합리적인 온실가스 배출 감축원칙이다. 생산과정의 탄소배출 비용은 응당 완제품을 소비하고 있는 지역에서 지불해야 한다. 생산과정의 '그린'과 수비과정의 '그린' 두 가지가 모두 필요한 것이다. 글로벌 '그린 액션'에서 중국은 시종 '다른 책임을 공동으로 부담'하는 원칙을 견지했으며, 대국의 책임을 다할 성의와 결심과 믿음을 표명했다.

'다극화(多极化)'인가? '비극화(非极化)'인가?

경제의 글로벌화는 세계적 범위에서 '통일시장'의 형성을 의미한다. 이는 각 경제실체의 경제활동이 서로 섞여 일체화가 되고 있음을 말하는 것이다. 또한 '시장규칙'이 전 세계적인 범위에서 점차 형성되고 있음을 의미하며, 세계적 범위에서의 경제행위를 규범화하는 일반 규칙과 보편적인 체제의 건립을 의미한다.

이런 조건과 환경에서 형성된 통일된 시장과 통일적인 게임규칙 하의 이익은 세계적인 범위에서의 자원배치를 지배한다. 경제의 글로벌화는 참여자들이 이익을 얻을 수 있도록 하지만 이익의 저울은 절대로 평등하지 않다. 선진국에서 세계경제의 권리를 가지고 있는 한 단기간 내에 이런 불평등한 상황은 변화되기가 어렵다. 당연히 세계경제에서 발전도상국이 차지하는 비중은 선진국보다 적다. 발전도상국이 세계경제 발전의 중요한 임무를 맡을 힘이 아직 부족하다는 말이다. 글로벌 경제실력의 변화는 극적이지 않다. 세계경제의 중심이 아시아·태평양지역으로 이전하려면 상당히 긴 시간이 필요하다.

지금 70억 인구를 가진 지구의 분포도를 보게 되면, 중국과 인도에는 약 25억 인구가 있으며, 매년 6조 달러를 소비하고 있다. 13억 인구를 가진 중국은 매년 3.7억 달러를 소비한다. 하지만 겨우 3억 인구를 가진 미국은 매년 11억 달러를 소비하고 있다. 여기서 우리는 세계경제에서 기둥역할을 하고 있는 나라가 어떤 나라인지는 일목요연하게 알 수 있다. 생산과잉 하에 있는 세계경제 상황에서 무역적자는 역량을 표현한다. 미국은 그들의 국제적 신용을 바탕으로 화폐를 과잉 발행하여 소비를 위한 대출을 제공하며, 직접 수입에 대해 지불하고 있으므로 글로벌 상품의 실현자와 흡수자의 지위를 점하게 되는 것이다.

2008년 국제 금융위기 이후 세계는 새로운 성장역량과 혁신의 추진 하에 세계경제는 점차 회복세를 보이고 있지만 여전히 불확실하다. 세계경제의 새로운 비약적인 발전의 수요와 혁신이 불확실한 상황에서도 매년 노벨상 수상자들의 국적이나 응용과학 기술연구가 제일 활발히 진행되고 있는 지역으로부터 우리는 다음 경제발전의 새로운 시발점도 여전히 미국이며, 새로운 에너지원은 제일 먼저 돌파해야 할 분야로써 제일 전도유망한 사업이 될 것이라는 것을 알 수 있다.

1950년대의 반도체 재료, 70년대의 초소형 계산기, 80년대의 생물공학 기술, 90년대의 IT산업의 발전 등 20세기 첨단과학기술 영역의 여러 성과는 모두 미국의 적극적인 추진 하에 완성되었고, 미국은 혁신기술 산업화 과정에서 거대한 경제적 이익을 얻었다. 미국의 다양한 금융시장은 다른 투자자들에게 여러 가지 가능성을 열어 주었고, 위험의 사회화와 국제화시스템은 미국이 국제 분업에서 주도권을 가지게 하였으며, 국제경쟁의 감제고지를 차지하게 했다.

21세기 이후 혁신을 통해 상품과 서비스의 부가가치를 높이는 일에 정통한 미국의 명확한 두뇌가치는 무형의 상품이라고 할 수도 있다. 이렇게 혁신을 통해 높일 수 있는 가치는 무궁무진하다. 또한 이런 혁신의 속도는 유형상품의 생산과정 발전보다 빠르다. 무형의 소모와 재고로 인한 가치하락의 위험은 중국을 포함한 동아시아 신흥경제 실체의 몫이 되었다. Facebook, 구글과 애플사 등의 회사는 응용프로그램 경제가 미국에서 막 발전하고 있다고 하고 있다. 이 산업은 30만 명이 넘는 일자리를 창출했으며, 관련 게임과 가상 상품은 쉽게 해외시장을 확보했다.

이익 분배패턴을 보면 관건적인 기술이나 첨단 부속품의 생산과 같은 핵심업무, 상품표준, 사무규칙 및 최종 가치는 여전히 주요 선진국이 장악하고 있음을 알 수 있다. 그들은 표준으로 전 세계의 자원을 통합 조정하여 글로벌 생산, 배분, 교환을 형성하였다. 중국을 포함한 발전도상국은 주로 상품의 가공과 조립을 책임지고 있어, 여전히 산업사슬의 관건적인 부문을 차지하지 못하고 있기에, 세계 주요 자원·요소와 생산의 흐름을 제어할 능력이 못된다.

일반적으로 상품이 원료단계부터 상품, 그리고 다시 소비자들에게 가기까지 걸리는 시간을 100%라고 한다면, 생산에 걸리는 시간은 10%이고, 유통과정에 90%의 시간이 걸린다. 더 큰 이익과 더 중요한 권력에 투자하기 마련이므로 선진국은 연구개발과 유통을 통제하여 거대한 이익 사슬을 장악하고 있다. 미국 상업계의 거두인 월마트는 다년간 "세계

500강"이라는 월계관을 차지했다. 그 원인을 깊이 생각해 볼 필요가 있다. 2011년 12월 6일 월마트는 중국 21개성의 133개 도시에 358개의 매장을 개업했는데, 그중 80%는 중국의 일선도시가 아닌 기타 지방도시에 집중되어 있다.

비록 중국이 빠른 성장을 보여주고 있지만, 여전히 발전도상국인 기본 속성에는 변함이 없다. 중국의 GDP 총량과 1인 평균 GDP 순위는 여전히 낮다. 중국의 1인 평균 경제실력은 미국, 일본의 10/1정도 밖에 되지 않고, 순위는 선진국과 많이 떨어진 세계 120에 그치고 있다. 중국의 경제 총량도 겨우 미국이나 유럽연합의 절반 정도밖에 되지 않아 세계은행과 IMF는 여전히 중국을 중등수입국가로 구분하고 있다.

중국의 노동 생산율 지표, 자주혁신 능력과 금융수준은 여전히 국제 선진수준과는 큰 차이가 있다. 스탠퍼드대학교 후버연구소의 고급연구원 볼프는 미국이 비록 일부 수치에서 하락세를 보이고는 있지만, 이는 어디까지나 상대적인 저하일 뿐이라고 했다. 혁신을 격려하는 제도 요소, 문화, 지식재산권, 법률 등 일부 수치로 평가하기 어려운 분야에서 미국은 기타 국가가 따라올 수 없을 정도의 우세성을 가지고 있다.

미국은 영국을 따라잡고 세계 제1의 경제대국으로 성장하는데 100년이 걸렸다. 일본은 제2차 세계대전의 폐허에서 세계 제2 경제대국으로 성장하는데 30년이 걸렸다. 중국의 경제 총량은 향후 15년 혹은 20년이면 미국을 초월할 것으로 예측하고 있다. 하지만 GDP 총량이 큰 의미를 가지고 있다고는 하지만, GDP가 종합국력에서 앞 순위를 가지는 것은 아니며, 미국이 주도하는 국제경제 질서와 세계 비즈니스모델의 종말을 의미하는 것도 아니다.

중국경제의 총량이 '초월'을 앞당기고자 할 때는 인민폐 환율의 안정을 도모하고 정치경제 관련 관점과 언론을 명확하게 인식해야 할 것이다.(그림 2-5)

그림 2-5 도박회사는 중국경제가 미국을 능가하는 시간을 새로운 상품으로 출시했다.

제3부분
패턴과 구조

제3부분
패턴과 구조

"모든 길은 로마로 통한다." 경제발전을 위한 고정적이고 통용되는 방법이란 존재하지 않는다.

시간은 많이 흘렀고 세상도 크게 변했다. 변화무쌍한 세계경제에 따라 할 수 있는 경제 발전 성공 패턴이란 없지만 참고할 수 있는 사실과 사례들은 많다. 오늘의 천당이 내일의 지옥이 될 수도 있는 지금 오늘의 성공이 어쩌면 내일 멸망의 원인이 될 수도 있다.

험악한 세계경제 상황에서 부단히 자신의 발전 방향을 조절하여 암초를 비켜 비바람을 맞받아 치며 나아가는 중국만이 매섭게 불어치는 비바람을 헤치고 승리를 맞이할 수 있을 것이다.

중국은 선진국의 성공을 복제할 수는 없다. 오늘의 중국은 선진국의 어제가 아니며 오늘 선진국의 성공적인 경제성장 양식도 중국이 바라는 미래가 아니다. 특히 미국의 경제성장 과정이 중국의 경제발전에 반드시 겪어야 할 과정은 아니다.

중국의 개혁개방은 중국 실정에 적합한 중국의 내일을 만드는 방법이다. 30여 년간 고속력으로 발전한 중국경제는 많은 성과를 얻었다. 중국의 경제총액은 세계 제2위에 올랐으며 중국은 중국궐기라는 기적을 창조해 냈다.

중국경제의 고속적인 발전과 함께 나타난 모순은 날로 커져갔다. 경제 위기 이후의 세계경제형세는 불확실해졌고, 중국은 여러 가지 발생 가능한 위험을 이겨나가야 했다. 비즈니스모델에 대한 초조함, 공정 효율의 양난(兩難), 선택해야 하는 방법에 대한 우려, 중등 수입의 함정 등 중국은 세계경제 속에서의 활동에서 자신의 위치를 정확히 하여 세계경제 글로벌화의 거세찬 파도 속에서 노를 힘차게 저으며 부단히 자신의 방향을 조절하며 앞으로 나아가야 할 것이다.

경제의 성장패턴을 변화시키는 것이 중국의 경제발전을 위한 수단인가, 아니면 목적인가? 과정인가? 아니면 결과인가, 능동의 과정인가, 아니면 정지 상태인가? 중국패턴은 실천과정에서 세계와 국내의 새로운 상황에 맞춰 부단히 조절하면서 혁신을 견지해 나가야 하며, 변혁과정에서 더욱 완벽해지고 발전해야만 할 것이다.

중국 패턴 : '성장통'

"다른 사람의 오늘"이 왜 "우리의 내일"이 될 수는 없는 것일까?

개혁개방 이후 중국은 세계의 경제발전 중에서 독특한 중국식 발전을 형성했다. 30년간 발생한 일부 사건들을 정리하다 보면 세계경제의 발전과정에서 독주하던 중국의 경제시스템을 기본적으로 이해하게 될 것이다.

오늘날 중국의 대학교 경제학과 교육에서 중국 개혁개방의 원인에 대해 강의하면 먼저 선진적 생산관계와 낙후된 생산관계 사이의 모순을 이야기 한다. 하지만 이 책을 통해 독자들에게 알려주고 싶은 것은, 1978년 덩샤오핑이 개혁개방을 제창할 당시에만 해도 중국 영토 1/3의

면적에서 생활하던 사람들의 생활수준은 1930년대보다 못했다는 사실이다. 믿기 어렵지만 이는 확실한 사실이다!

1949년 중화인민공화국이 성립된 지 60년이 지난 2009년까지의 시간을 개혁개방 이전의 30년과 개혁개방 이후의 30년 두 시기로 나눌 수 있다. 중화인민공화국 성립 60년 동안 중국의 GDP는 모두 250조 위안인데, 개혁 개방 전 30년간 중국 경제는 겨우 2%의 성장을 가져왔고, 개혁개방 이후의 30년 사이에는 전체 60년 GDP의 98%를 차지했다. 그중 중국이 WTO 가입 후 8년간의 GDP는 새 중국 건립 60년 GDP의 2/3을 차지했다. 따라서 개혁개방이 중국 경제발전에 미친 영향을 어떠한 말로 평가해도 지나치지 않은 것이다.

30년 전의 어느 누구도 지금의 중국 사람들 손에 휴대폰을 들고 가정에서 자가용을 몰고 다니는 화면을 상상하지 못했을 것이다. 더욱 놀라운 것은 매 35명 중 1명은 베이징이나 상하이에 거주하고 있으며, 50%이상의 인구가 도시에서 생활하고 있다는 점이다. 이렇게 빠른 도시화 속도를 기록한 선례는 전 세계 어느 나라에도 없었다.

20세기 일본은 두 번의 "국민수입 두 배 증가계획"을 거쳐 제2차 세계대전 이후의 경제 불황을 이겨내고, 세계 제2의 경제대국으로 발전했다. 이런 일본의 발전에 세상 사람들은 크게 놀랐다. 오늘 중국도 30년이라는 시간을 들여 한 세대 사람들의 노력을 거쳐 천지개벽의 변화를 가져왔고, 세계경제의 성장을 이끄는 선봉이 되었다.

30년 전 어느 누구도 개혁개방을 거친 오늘의 중국이 세계의 공장이 되리라고는 예견하지 못했다. "Made in China" 상품의 경쟁력에 세계는 다시 한 번 놀랐다. 그들이 놀란 것은 중국이 생산한 상품이 얼마나 많은 핵심역량을 가지고 있는 첨단상품이 아니라 핵심기술을 가지고 있지 않을 것이라 생각했던 중국이 국제시장에서 경쟁력을 가진 상품을 내놓았다는 점이다.

30년 동안 중국의 GDP는 연평균 9.8%의 속도로 성장했으며, 이런 증가율에 중국 자신도 놀랐고, 세계도 함께 놀랐다. 하지만 중국 사람을 포함한 세상의 모든 사람들은 이런 발전 양상은 계속될 수 없으며 반드시 개혁해야 한다고 말하기 시작했다. 이런 상황이 나타나리라고는 중국 사람도 미처 이해하지를 못했다.

미국 대통령 오바마는 오스트레일리아 방문 시 이렇게 말했다. "중국의 10억 인구는 절대로 미국이나 오스트레일리아 국민과 같은 생활을 하기 어렵다. 만약 그렇게 된다면 지구의 재난이 될 것이다." 이 말에서 미국식 발전이 오래 지속해서는 안 된다는 것을 의미하고 있다는 것을 알 수 있다. 중국은 지금의 경제발전 양상을 개혁해야 할 필요성을 인식했다. 문제는 변혁의 방식과 방향이다.

'성장'인가, '발전'인가, 아니면 '평화의 굴기'인가?

발전경제학이라는 측면에서 중화인민공화국 성립 60년간의 경제건설 성과를 토론 할 때 일부 경제학자들은 이를 성장이라 했고, 일부 경제학자들은 이를 발전이라고 했으며, 평화굴기라고 하는 경제학자들도 있었다. 경제의 발전과정을 표현할 때 이 세 단어는 서로 연계가 있으면서도 구분된다.

오늘날 선진국의 경제상황을 평가할 때 사람들은 발전이 아닌 성장이라고 표현했으며, 발전도상국의 경제상황을 평가 할 때에는 이 두 가지를 병용했다. 중국과 같은 몇 안 되는 나라의 발전을 설명할 때는 특별히 궐기라는 단어를 사용했다. 이런 차이는 경제의 발전패턴이 다른 성질을 띠고 있다는 것을 설명해준다.

서방의 학술계 특히 서방의 경제학계는 선진국의 경제체제가 기본적으로 완성되었고, 그들의 경제구조도 시장의 수요에 따라 자동적으로 변화한다고 여기고 있다. 정치적 측면에서 볼 때 선진국의 '삼권분립'의 정치체제는 거의 완벽에 가까워 전체적으로 정치과정도 날로 완벽해지고, 공민사회는 상대적으로 더욱 조화로운 사회로 되어가고 있다. 이런 사회의 제도는 질적인 변화가 나타나기 어렵고, 제도적인 구조도 극적인 변화를 가져오기가 어렵기에 '성장'이라는 단어로 표현하여 선진국 경제는 양적 증가와 확장만이 존재할 뿐 질적인 변화와 비약은 존재하지 않음을 말해준다.

발전도상국에 대해 학자들은 '성장'과 '발전'을 섞어 사용하는데, 이 두 단어로 경제총액이 성장하고, 경제제도 즉 체제, 다시 말해서 질적인 변화도 발생하고 있음을 설명한다. 발전도상국의 경제구조는 불완전하고, 정치면에서도 민주체제와 공민사회가 건전하게 건립된 것이 아니기에 양적 변화로부터 질적 변화를 가져오는 전환과정을 겪어야 한다. 지금 경제의 양적 변화는 이후에 나타나게 될 경제의 질적 변화를 위한 것이다. 그렇기 때문에 발전도상국의 경제를 논할 때 사람들은 이 두 가지 단어를 함께 사용하여 발전도상국의 경제는 성장하고 확장하며 질적인 변화와 비약을 가져올 수 있음을 설명한다.

궐기는 짧은 시간에 경제총액이 급속하게 확장하는 것을 뜻하며, 경제생활이 제도적으로 근본적인 변화를 가져왔다는 것을 의미한다. 사실이 단어는 오랜 기간 동안 부정적인 뜻으로 사용되었다. 예를 들면, 제2차 세계대전 시기에 독일에 '궐기'라는 단어를 사용하여 '제국의 궐기'라고 했다. 하지만 중국의 경제성장에서 사용될 때는 '궐기' 앞에 '평화'라는 단어를 추가하여 '평화 궐기'라고 하여 중국 경제총액이 짧은 기간에 급속하게 확장되었고, 경제 제도가 근본적인 변화를 가져오고 있다는 사실을 설명한다.

이와 같이 빠른 변화와 발전을 보이고 있는 중국사회는 예전의 모습을 찾아 볼 수가 없을 정도로 변모했다. 동시에 외부환경과의 마찰도 끊임없이 나타나고 관련된 부담도 증가하고 있다. 짧은 기간에 일어난 거대한 변화에 국내와 국외 모두 적응하기가 어렵다. 따라서 경제의 지속적인 발전을 실현하려면 경제발전 양상의 변혁이 필요한 것이다.

'내부의 변화'로써 '외부의 변화'에 대응해야 하는가?

세계경제는 변화가 많고 예측하기가 어렵다. 중국경제의 발전양상과 구조개혁을 이해하고 연구하려면, 먼저 중국경제의 발전과정에 존재하는 외부의 경제 환경을 알아야 하는데, 특히 변화한 외부세계의 경제와 환경의 제약이 있음을 잊지 말아야 할 것이다.

사람들은 세계경제는 균형을 잃었다는 점을 인정했다. 이는 경제의 글로벌화 과정에 나타난 불균형을 말한다. 또한 "균형을 잃은 후 수요의 균형"이 형성되었다. 하지만 글로벌경제가 변화발전하면서 '불균형'과 '균형'의 의미는 크게 변했다. 세계경제에서 불균형하다는 것은 빈부의 불균형과 경상계정의 불균형을 의미한다. 세계경제학의 범위에서 '불균형'은 선진국과 신흥시장 경제국 사이의 국제적인 수입과 지출 등 경상수지의 불균형을 말하는 것이며, 이는 경상계정의 유지 가능성이 적다는 것을 의미한다. 선진국의 무역적자와 신흥시장 경제국의 무역흑자는 세계경제의 지속적인 발전의 불가능성을 초래하고 있다.

과거의 빈부 '균형문제'는 이미 중요한 문제가 아니다. 지금은 경상계정의 '균형문제'를 해결해야 한다. 선진국가가 무역적자를 줄이기 위해서는 신흥시장 경제국의 무역수치가 반드시 대폭적으로 낮아져야 한다. 세계경제 불균형의 측면에서 볼 때, 중국은 여전히 혼자만 경제 발전을 하고 있는데, 이런 패턴은 여러 가지 의문을 받고 있다. 예전의 중국은 "빌려온 동풍"처럼 삽시간에 경제발전 방향을 바꾸곤 했다.(그림 3-1)

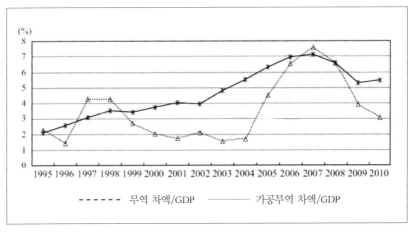

그림 3-1 중국 GDP 중 무역 차액이 차지하는 비중이 점차 커지고 있다.

외향형 발전은 여러 가지 도전에 직면했으며 이런 도전에 산업발전 방식 조절이 필요하다. 하지만 중국이 반드시 외국의 수요를 포기 할 필요는 없다. 미래의 세계경제에는 경쟁과 협력이 공존하기 마련이다. 또한 글로벌 무역 마찰이 자주 발생하고 있다. 중국은 반드시 이런 상황에 적응해야 한다.

사회와 환경의 "두 가지 적자" 문제도 중국을 괴롭히고 있다. 사회 적자는 세계경제의 성장이 가져다준 혜택은 보편적인 공유가 아닌 소수 사람들의 차지한다는 뜻으로 부자와 가난한 자 사이의 이익 배분의 불균형을 의미한다. 사회복지의 보편적인 향상과 더불어 수입의 차이도 점차 커지고 있다. 때문에 현재의 수입 배분은 불공정한 것이라고 여기는 사람들이 많다. 만약 세계경제의 발전성과를 공유하는 것이 공정이라고 한다면, 불공정한 경제발전 방식은 지속되지 말아야 한다. 그렇기 때문에 "공유형 성장"은 경제발전의 성과가 세계적으로 공유된다는 뜻을 내포하고 있다.

환경 적자는 세계의 미래를 위협하고 있다. 칭짱고원(靑藏高原)을 제외한 중국의 대부분 지역의 지표수(地表水)는 직접 마실 수 없게 되었다. 산성비가 내리는 범위가 점차 확대되고 있는 지금 중국이 직면한 환경 부담은 날로 과중해지고 있다.

사회 적자와 환경 적자를 상환해야하기 때문에 생활과 생산 원가가 높아졌다. 때문에 반드시 경제성장 방식과 구조를 변화시켜야 하며, 사람들의 생활방식도 변화해야 한다. 세계경제의 미래는 자원의 최적화를 요구하며 복지의 공유와 지속적인 성장을 요구한다.

사회와 환경의 "두 가지 적자"는 중국 경제발전의 앞날에 피할 수 없이 부딪쳐야 하는 문제이며, 조금이라도 방심하면 중국경제는 침체되고 위기에 빠지게 될 것이다. 중국이 계속 앞으로 나아가려면 세계경제의 사회와 환경 "두 가지 적자"를 감소시킬 수 있는 방법을 강구해야 하며, 생태를 유지하고 환경을 보호하며 빈부차이를 줄이기 위해 노력해야 한다. 이를 실현하기 위한 공유의 경제발전 방식이 적절하다. 경제정책은 사회의 생산력을 제고시키는 효과를 가져다 줄 수 있다. 즉 경제발전 방식의 변화와 업그레이드를 통해 점차 사회의 재부를 공유할 수 있는 시스템을 건립하여 사람들의 생활수준을 향상시키는 목적을 달성해야 한다.

"지속 가능하다"는 말의 본질은 같은 시대 동일지역에서의 포용보다는 현시대와 후대가 공동으로 실현할 수 있는 자원 공유를 의미한다. 지속 가능한 발전은 생산 방식뿐만 아니라 생활방식이며, 사업방식과 행위방식의 지속을 말한다. 인류, 특히 "부유한 사람"들이 기존의 생활방식을 변화해야만 생태환경의 악화를 완화하고 억제할 수 있으며, 인류와 자연, 사람과 사람, 사람의 여러 세대 간의 조화로운 공존을 실현 할 수 있는 것이다.

"자원을 판매"하는 것이 "노동력을 판매"하는 것보다 못한 것인가?

세계적으로 볼 때 일부 국가는 '물건을 판매'하여 발전하고 있는데, 오스트레일리아는 철광석을 팔고, 사우디아라비아와 쿠웨이트는 석유를 판다. 또 일부 국가는 "노동력을 판매"한다. 바로 대외무역의 50%가 가공업을 차지하고 있는 중국과 같은 나라들이 "노동력을 판매한다"고 말한다.(그림 3-2)

중국은 높은 가성비를 자랑하는 노동력이 있다. 이는 중국 경제발전의 중요한 기초이며 "노동력 판매"에서 중국은 우위를 차지하고 있다.

자원요소는 언젠가는 바닥이 드러날 날이 있기 마련이다. 이것이 바로 자원집약형 상품 판매와 노동집약형 상품의 중요한 차이점이다. 석유, 나무, 광산 등 자연자원은 마르고 바닥이 나는 날이 있기 마련이다.

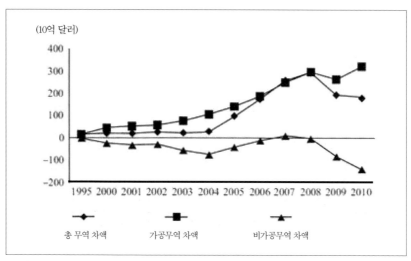

그림 3-2 중국의 대외무역 흑자는 주로 가공무역에서 온다.

금전도 마찬가지이다. 금융수단을 통해 다른 사람의 호주머니에 들어갈 수도 있다. 때문에 자원매매는 재생 불가능하고, 지속 불가능하다.

중국이 가지고 있는 경제요소의 장점 자원인 노동력은 재생 가능하며 지속 가능하다. 또한 노동력을 사용하면 역량이 줄어드는 것이 아니라, 사용할수록 노동자는 더욱 숙련된다. 원래 숙련되지 않은 노동자들도 반복적인 노동을 통해 숙련되기 때문에 인력자본은 자기 가치를 높이며 자자손손 끊임없이 이용할 수 있는 지속가능성을 가지고 있다.

실천을 통해 배워나가면서 중국 사람들은 그들의 지혜로 녹색경제, 순환경제, 저탄소경제를 전통방식에 추가하면 중국의 경제발전 방식은 지속적으로 시행가능하다. 30년간의 개혁개방을 통해 중국은 자신의 거대한 능력을 전 세계 과시했다. 이는 중국이 정확한 요소적 장점과 적합한 요소를 긴밀하게 결합했기 때문이다.

"노동력 판매"는 중국에서 제일 중요한 장점요소이며, 개혁의 기초이고, 중국 경제발전이 더 많은 이윤을 창출할 수 있는 주요 경로이다. 중국 공업의 역사는 이를 증명해주며 중국이 세계에서 우뚝 설 수 있는 주요 원인이 바로 사람에 있음을 증명하고 있다.

구조조절: "꿈은 현실을 비춘다."

'목표' VS '조건'

중국의 성공은 노동력이 전통 분야로부터 현대화 생산으로 넘어왔기 때문이며, 개혁개방을 견지했기 때문이며, 능동적으로 세계의 선진 생산력을 도입했기 때문이다.

중국에서 비교적 부유한 창장(長江)삼각주와 주장(珠江)삼각주 모두가 노동력 유입지역이며 대외개방의 창구이다. 오늘의 산업구조는 그들이 독립 자주적으로 연구개발한 것이 아니라 능동적으로 선진적인 생산능력을 도입하여 자신에게 어울리게 개조한 것이다.

중국의 성장방식이 높은 기술을 함유하고 있지는 않지만 거대한 성공을 거두었다! 중국의 생산능력에 여간 놀라지 않았다!

세계의 공업이 중국으로의 이전을 받아들인 글로벌화 경제를 이용하여 중국은 중국인의 지혜로 혁신을 통해 자신 특유의 산업시스템을 구축했다. 또한 개혁개방의 심화는 노동력 이전의 활성도를 높였고 대외개방이 지속될 수 있게 했다. 이런 조건에서 경제성장 방식의 변화가 일어나면 중국은 선진 공업화국가들과 어깨를 나란히 할 수 있는 날이 오게 될 것이다.

중국의 시장을 통한 경제발전의 복표는 세 가지 문제를 해결 하려는 것이다. 첫째, 자원의 최적화 배분(사람과 자연계의 조화로움). 둘째, 복지수준의 보편적인 제고(사람과 사람간의 조화로움). 셋째, 경제사회 발전의 지속 가능성(세대 간의 조화로움). 이는 중국 경제발전의 기본원칙이다.

중국 경제발전의 규칙을 네 가지 기본요소로 개괄할 수 있다. 첫째, 중국 경제발전의 필수조건 : 전통 노동력을 전통분야에서 현대화 생산 분야로 이전시킬 것. 둘째, 중국 경제발전의 충분조건 : 부단히 대외 개방을 심화시킬 것. 셋째, 중국 경제발전의 산업조건: 세계산업의 이전을 받아들이고, 산업의 고급분야로 개입할 것. 넷째, 중국 경제발전의 제도조건: 체제의 혁신을 통해 상술한 3가지 과정에 필요한 보장을 제공할 것.

경제의 글로벌화, 국제 첨단기술과 금융화가 급속하게 발전하는 상황에서 나타난 세계 산업구조의 조정, 다국적 기업의 큰 발전, 세계자원의 결핍 등 문제는 중국에게 기회를 주었고 도전의 장이 되게 하였다.

중국경제의 성장방식과 구조개혁 조절의 중점은 세계경제에서 중국의 지위를 정확하게 인식하고 경제 대국에서 경제 강국으로 발전케 하는데 있다. 이를 완성하려면 중국은 경제의 성장방식과 구조개혁을 조정해야 한다. 이 과정에서 부단히 개혁개방을 심화시키고, 대내외 무역의 균형을 유지하며, 금융과 투자의 체제변혁 방향을 정확하게 포착하여, 발전방식을 선택하고 산업을 조정해야 한다.

현재 중국 개혁개방의 발전추세는 불균형의 세계경제에서 더욱 효력적인 자원배치를 완성하고 복지를 제고시키며 지속적으로 발전하는데 적합하다.

국내외 수요의 변화에 따라 경제위기 이후의 시대에 중국의 산업발전방식과 경제구조 조정은 먼저 생존을 고려해야 한다. 다음 이에 상응하는 조정을 진행하여 세계 산업의 이전을 받아들이고, 산업의 고급 분야에 개입하며 본토화의 혁신을 진행하는 것이다. 이런 방법으로 중국경제가 맹목적으로 발전하는 것을 피하도록 해야 한다.

중국은 국제 무역시스템에서 유리한 지위를 차지하기 위해, 글로벌 경쟁과 협력의 외부 환경에 적응하기 위해, 부단히 노력하고 적극적으로 국제규칙 제정에 개입해야 한다. 중국은 자신의 산업의 유연성과 산업의 장점과 단점을 충분히 이해하여 산업구조 조정 플랫폼을 완성시켜야 한다.

그 외에 중국 경제발전 양식의 조절은 능동적이고 영원히 진행해야 하는 과제다. 이는 생산의 목적을 완성하기 위한 수단이지 목적이 아니다. 경제발전 방식의 조정에는 마지막이라는 단계가 없다. 예전에도 없었으며 지금도 미래에도 마침표가 없는 경제 발전방식의 조정은 능동적이고 장구한 시간을 요하는 과정인 것이다.

'방향' VS '규칙'

중국의 경제구조 조정은 시종 세계경제 수요의 변화추세에 따라 진행해야 한다. 이는 중국 비즈니스모델 변혁의 기본조건이다.

지금 중국의 경제구조 개혁과 조정에는 "멈추고, 관찰하고, 지나가라"는 교통안전 수칙을 응용할 수 있다. 즉 먼저 생존을 고려하고 다음 자리를 정확하게 잡고 정확하게 조준한 다음 경제의 구조조정을 시작해야 한다. 미래수요의 변화를 제대로 예측하지 못하고 맹목적으로 경제의 생산구조를 조정하지 말아야 한다.

20세기 마지막 10년에 미국은 '신경제'가 나타났다. '신경제'는 경제 글로벌화시대에 정보통신기술 혁명과 정보통신기술 혁명이 이끄는 첨단과학기술을 선두로 하는 경제를 뜻한다. 신경제는 정보공학기술을 위주로 하는 IT산업과 인터넷 경제의 발전으로 나타났다. 2000년 미국 상무부의 『디지털 경제 2000년 연간보고서』에서 발표한 통계에 따르면 1995—1999년 사이 IT산업은 미국 실제 GDP의 30%를 차지했다.

'신경제'가 나타나던 시기에 사람들은 공학기술을 위주로 하는 IT와 인터넷을 주목했을 뿐 미국의 다른 한 위대한 발명인 금융 파생상품에는 미처 주의를 기울이지 못했다. 2005년에 이르러 미국 금융서비스업은 GDP의 20.4%를 차지했다. 기술공학과 금융공학은 미국 신경제의 쌍두마차이다. 글로벌화를 기반으로 두 개의 '공학(기술공학과 금융공학)'은 전 세계에 올바른 규모로 확산되고 있다. 사실 글로벌화는 시장의 통일과 시장규칙의 통일을 말한다. 이 두 가지의 통일은 IT가 세계에서 발전할 수 있는 기술적 조건이 되었고, 금융파생상품이 세계에서 보급될 수 있는 금융조건이 되어 금융의 증권화를 가능하게 하고 있다.

그러나 공교롭게도 후자에 문제가 나타났으며, 이 때문에 세계경제는 불균형 상태에 빠지게 되었고, 재부의 생산과 재부의 배분이 이상해져 재부는 하루아침에 사라졌다. 문제는 가상경제의 리스크는 소멸시키지 못하고, 이전만 가능하다는 점이다. 미국의 가상경제에는 각종 리스크가 동반되고 있다. 그들은 글로벌화라는 거대한 기선을 이용하여 리스크를 전 세계로 이전시켰다.

지금 미국의 경제위기는 "두 번째 밑바닥"에서 점차 멀어지고 있다. 하지만 신세대 미국 사람들도 여전히 과도한 소비의 생활방식을 택하고 있는가? 만약 이 물음의 답이 긍정적이라고 한다면, 지금 중국의 산업구조는 당분간 큰 문제가 없을 것이다. 하지만 미국의 소비방식이 근본

적인 변화가 일어난다면 상황은 다르다. 이런 경우 중국의 경제구조는
반드시 조정될 것이다.

'상대' VS '전술'

신세기에 진입한 후 국제적 분업이 산업 간 분업으로부터 산업 내 분
담으로 변화되고, 다시 상품 내 분업으로 변화되었다. 아시아지역은 수
직분업이나 평행분업에서 지역 내 생산 공급 망을 형성했다.

2001년 이후 미국의 IT산업 거품이 사라진 후, 국제산업 이전은 새로운
변화를 가져왔다. 1980년대 이후 미국 등 선진국은 빠른 속도로 발전하
는 고급 제조업의 해외 이전과 투자를 시작했다.

이 과정에서 국제 분업시스템은 더욱 심화되어 갔고 세분화되어 갔다.
윈텔시스템은 국제적으로 빨리 유행되었고, 제조업 분업의 조정과 산업
의 이전은 산업 내부 혹은 상품 내부로 침투되어 동일 상품 내의 부동한
생산파트와 생산절차를 관련 생산이 우세한 지역에서 완성되고 있다.

국제적 분업은 최종 완성품 생산의 우위면에서 생산가치 사슬의 특정
부분에 대한 비교를 통해 우열을 가린 후, "글로벌 제조"와 "글로벌 가치
사슬"을 형성했다.

국제적 분업의 세분화는 산업이나 일부 생산과정이 국제산업 이전에
참여를 의미한다. 유럽, 미국, 일본, 중국 홍콩, 싱가포르, 한국과 중국
타이완 등 경제실체는 높은 부가가치를 가진 자본과 기술집약형 산업의
생산 혹은 가공 산업을 발전시키고 있으며, 부가가치가 적은 노동집약
형 산업과 가공 산업을 해외로 대규모로 이전시키고 있다.

노동원가의 우위, 경제규모의 우위, 1990년대 개혁개방 이후의 제도와

정책의 우위, 그리고 2001년 WTO가입이 가져다준 여러 가지 영향으로 인해 중국은 새로운 국제산업 이전의 최대 유입지역이 되었다.

중국의 경제는 21세기 첫 10년 동안 빠른 속도로 발전했다. 이는 아시아지역의 수직 분업시스템과 이 지역에서 서비스를 하고 있는 동아시아 —중국—유럽과 미국으로 형성된 "삼각 무역모델" 덕분이다. 국제적 분업시스템의 새로운 조정과정에서 아시아지역은 글로벌 경제의 통일된 공급 네트워크를 형성했다. 중국은 이 네트워크에서 상품의 가공과 조립 중심이 되었고 일본과 아시아 신흥공업경제실체(Newly-industrialized Asian Economies, NIAE)와 기타 동남아시아 국가연합(ASEAN)은 자본과 제품원자재를 공급하고 있다.(그림 3-3)

후(後) 위기시대에 중국 산업구조의 조정과 업그레이드가 노동집약형을 출발점으로 해서 저급 산업 사슬에 입각한다면, 중국의 주요 경쟁상대는 신흥공업화 경제실체인 인도네시아, 태국, 말레이시아 등 동남아 국가이거나, 라틴아메리카, 북아프리카의 나라들이다. 산업구조가 첨단상품의 생산을 위주로 하고, 첨단기술 산업이 형성될 경우 발전도상국뿐만 아니라 선진경제실체도 중국의 경쟁 상대가 될 것이다.

저가 노동력시스템의 신흥경제실체에서 지피지기의 중국은 적은 자본금과 규모경제로 대응하는 방법을 알고는 있지만, 미국 등 선진경제실체의 고급적이고 첨단 분야를 상대할 때 상대방의 상용수단과 경쟁방식을 이해하지 못하고 있기에 곤란에 직면하게 될 것이다. 선진국이 상품표준, 기술장벽, 그린장벽으로 무역전쟁을 진행할 때, 중국은 적은 원가로 대응하기가 어렵다. 이는 고급, 정밀, 첨단상품이 주요 경쟁상품이 될 경우 가격은 부차적인 요소가 되기 때문이다.

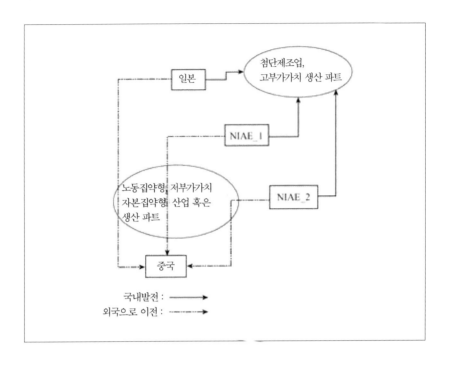

일본

첨단제조업,
고부가가치 생산 파트

NIAE_1

노동집약형, 저부가가치
자본집약형 산업 혹은
생산 파트

NIAE_2

중국

국내발전 : ⟶
외국으로 이전 : ┈┈▸

따라서 중국이 비즈니스모델을 변화시키고 산업구조를 조정하면서 선진국과 경쟁하는 중국은 돌을 두드리며 조심스레 건너고 있다. 중국은 날로 심해가는 선진국의 반덤핑, 반보조금과 세이프가드를 상대하기 위해 부단히 모색하고 배워야 하며, 그 과정에서 경험과 교훈을 얻어야 한다. 동시에 SPS, TBT는 중국의 개혁과정에서 나타난 새로운 문제들이다. 경쟁상대의 변화와 경쟁방식의 변화는 중국 개혁의 원동력이 되었고, 중국 개혁의 새로운 도전이 되었다. 산업구조가 높을수록 경쟁은 더욱 높은 단계에서 진행되고 상대는 더욱 강하게 된다.

과거 중국은 저가 노동력으로 베트남, 필리핀 등 나라와 경쟁이 가능했다. 하지만 상품 구조가 제고된 상황에서 중국은 기존과 다른 플랫폼과 환경에서 미국, 독일 등 선진 경제실체와 경쟁해야 된다. 중국이 산업구조를 조절하려는 생각은 정확하다고 할 수 있다. 하지만 미래의 경쟁은 여느 때보다 힘들 것이다.

'신축성' VS '선택'

경제학의 원리에 의하면 모든 산업과 상품은 두 가지 신축성을 가지고 있는데, 하나는 가격신축성이고, 다른 하나는 수입신축성이다. 가격신축성은 가격의 변화와 판매량의 관계에서 표현된다. 적은 가격변화가 큰 판매량의 변화를 가져온다면 신축성이 강하다는 것을 의미하고, 반대일 경우는 신축성이 적다는 것을 말한다. 수입신축성은 수입의 변화와 판매량의 관계를 말한다. 같은 의미로 수입의 변화가 적지만 판매량이 크게 변했다면, 신축성이 큰 것이고 반대일 경우는 신축성이 적음을 의미한다.

어떤 상품은 가격신축성이 크지만, 어떤 상품은 가격신축성이 적다. 가격신축성이 적은 상품을 경제학에서는 '기펜재(Giffen good)[06]'라고 한다. 예를 들면 밥이 그러하다. 한 끼 배불리 먹을 수 있는 양의 밥 한 그릇이 1위안이던 가격을 반으로 내리거나 2위안으로 올린다고 해도 사람들은 여전히 한 그릇만 먹으면 족하기에 더 많이 소비하지 않는다. 이런 상품은 가격신축성이 적다. 반면에 고급, 정밀, 첨단기술 상품은 큰 가격신축성을 가지고 있다. 이런 상품의 가격신축성이 클수록 수입신축성

---

06) 기펜재 : 명목소득은 불변인 채 재화가격이 하락할 때, 그것에 대한 수요량이 오히려 감소하는 재화 즉 열등재를 말한다.

도 크다. 중국의 대외무역 흑자는 주로 완제품 가공무역을 통해 완성했다. 상품신축성이 높은 첨단기술 상품은 적은 비중을 차지하고 있다. 연구결과에 따르면 중국이 세계무역기구에 가입한 후 수출상품의 국내가치 함량은 50%였고, 첨단기술 상품의 국내가치 함량은 겨우 30%였다.

일부 학자들은 중국 수출상품이 복잡해진 원인이 가공무역과 외국상인 투자에 의해서 만들어진 것이 아니라 인력자본의 축적과 정부의 첨단기술 개발구역의 세제혜택으로 수출상품의 구조가 업그레이드된 데 있다고 여기고 있다.

만약 모든 완제품을 기술 밀집도에 근거하여 노동과 자원집약형, 저급, 중급, 고급 기술집약형으로 나눈다면, 표 3―1에서 알 수 있듯이 2000부터 2010년까지 중국의 10년간 무역흑자 상황을 보면, 노동과 자원집약형 상품, 저급기술 집약형 상품이 흑자상태였으며, 흑자차액도 매년 증가했음을 알 수 있다. 2010년 노동과 자원집약형 상품의 흑지는 3,362억 달러에 달했고, 저급기술 집약형 상품의 흑자도 1,240억 달러를 기록했다.

표3-1 중국의 완성품 무역의 차액구조 (단위 : 10억 달러)

년 별	2000	2005	2006	2007	2008	2009	2010
노동과 기술집약형	64.9	171.9	217.8	264.3	299.7	269.5	336.2
저급 기술집약형	9.4	36.3	66.7	101.6	136.9	74.5	124.0
중급 기술집약형	-8.3	-2.6	13.1	42.2	71.6	41.3	35.7
고급 기술집약형	-20.8	-7.4	7.7	34.5	69.6	46.6	62.8

자료 출처: Unctad무역 데이터베이스의 수치에 따라 계산한 것이다.

표 3—1에서 노동과 자원집약형 상품, 저급기술 집약형 상품이 중국 대외무역의 흑자를 이끌고 있음을 알 수 있다. 중국의 국내 노동력과 원자재로 생산하는 이런 상품은 상품신축성이 적다. 반대로 중급과 고급기술 집약형 상품 대부분은 강한 상품신축성을 가지고 있다. 중국 기업은 첨단기술 집약형 상품생산의 노동집약형 부속품 생산부분만을 담당하며 완성시키고 있다.

중국 수출상품의 기술구성으로부터 아래와 같은 결론을 내릴 수 있다. 유럽과 미국의 수입이 영향을 받았을 때, 사람들은 먼저 가격신축성이 적은 밥이나 빵 같은 생활필수품 구매를 중단하는 것이 아니라, 가격신축성이 큰 첨단상품의 구매를 포기한다.

예를 들면, 사람들은 부유할 때 명품 신발을 사서 신을 수도 있겠지만, 돈이 없을 때면 상대적으로 가격이 싼 중국산 신발을 선택하게 된다.

이런 상황에서 첨단 상품일수록 가격신축성은 더 크고 받는 영향도 당연히 커진다. 금융위기 이후, 광동의 많은 장난감 생산 공장이 파산했다. 관련 연구에 따르면 이 과정에 제일 먼저 파산한 공장은 높은 기술을 자랑하는 장난감 공장들이었다. 반대로 플라스틱이나 봉제완구를 생산하는 공장도 타격을 받았지만 파산까지는 하지 않았다. 그 원인은 무엇인가? 아이들은 천성적으로 장난감을 좋아한다. 유아용 장난감은 가격신축성이 거의 없다. 하지만 기술함량이 높은 장난감이나 정밀 장난감, 첨단 장난감을 선택할 것인가 아니면 봉제완구를 선택할 것인가는 부모들의 선택에 달렸다. 변혁 중의 중국경제는 상품신축성을 특히 주의해야 한다. 지난날 중국이 이룬 성과는 산업과 상품신축성을 잘 이해했기 때문이다. 현재 경제방식의 변혁과 산업구조의 조정과정도 산업신축성을 정확하게 인식할 필요가 있는 것이다.

'열세' VS '우세'

경제학에는 "나무통 이론"이 있다. 이는 나무통이 얼마나 많은 물을 담을 수 있는가는 나무통에서 제일 짧은 나무가 결정한다는 이론이다. 이 이론에 따르면 비교적 우위가 있는 분야가 산업에 얼마나 긴 영향력을 미치는가가 아니라 "비교적 열세"인 부분이 미래를 결정하고 미래 산업의 발전을 제어한다는 의미이다. '우열 비교'는 진리이다. 때문에 자신의 실력을 갈고닦아 약점을 보완하는 것이 제일 중요하다.

오랫동안 중국을 대표로 하는 아시아 공급네트워크의 수출성장률은 유럽, 미국시장의 수요와 밀접한 관계가 있다. 신세기에 들어 선 후 미국의 외부상품에 대한 수요는 대폭 증가했다. 2000년—2008년 동안 미국의 수입 수요는 GDP의 15.4%를 차지해, 1990년대보다 11.9%나 증가했다. 유럽, 미국의 시장수요가 증가하게 되면서 아시아 상품 공급네트워크에 참여한 국가의 수출도 증가하였다.

중국이 점차 아시아 공급네트워크의 소비품 가공과 조립 중심이 되면서 중국은 유럽과 미국시장에 완제품을 수출하는 주요 국가가 되었다. 중국은 아시아 기타 경제실체를 대신하여 유럽, 미국 시장에 소비품을 공급하는 주요 수출국이 되었으며, 여기에는 최종 소비상품과 투자 상품이 포함된다. 예를 들면, 1991년 이후 미국의 소비품 수입에서 아시아는 40%정도 차지했다. 1991년 중국은 8.2%에서 2009년에는 27.1%의 점유율을 기록했다.(그림 3—4와 그림 3—5) 아시아 기타 경제실체에서 미국으로 수출하는 소비품의 점유율은 매년 줄어들고 있다.(그림 3—6) 유럽, 미국의 수요가 증가하고 중국이 아시아 기타 국가를 대체하여 주요 수출국이 되면서 2000년 이후 중국의 수출은 신속하게 증가했다.

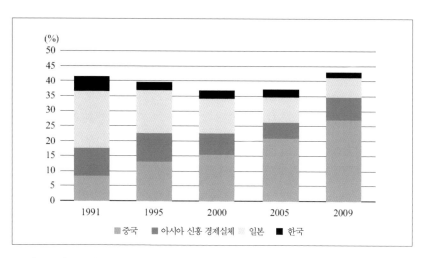

그림 3-4 미국 수입 소비품 중 중국 제품의 점유율이 계속적으로 상승하고 있다.

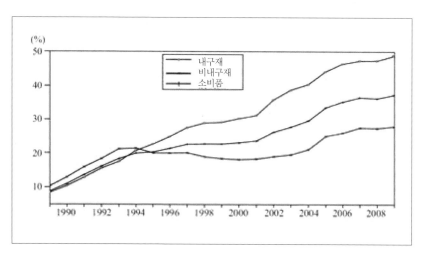

그림 3-5 미국이 중국으로부터 수입하는 소비품이 전체 수입 소비품에서 차지하는 비중이 점차 높아지고 있다.

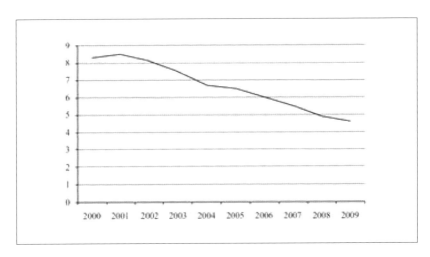

그림 3-6 중국 이외의 기타 아시아 경제실체에서 유럽과 미국에 수출하는 상품은 점차 줄어들고 있다.

자료 출처: 2011년 4월 IMF 『지역경제전망』(아시아와 태평양)과 『중국 거시경제 분석과 예측보고 (2012년 제1분기)』의 수치에 근거해 통계 낸 것이다.

　중국 기업의 비즈니스모델은 세계 여러 나라들과 다르다. 서방세계 기업이윤의 최대화를 목표로 하는 것과 달리 중국기업의 주요 특징은 적은 마진율 심지어 마진을 포기하고 세계 시장에서 상품생산의 점유율을 확보하려는 점이다. 이 방식은 지속가능한 방법은 아니지만 중국의 생산양식을 변화시키는 역할을 하고 있다.

　첨단기술에서 중국은 우세한 좀이 없다. 하지만 상품의 생명주기에 첨단기술은 가격상승을 위한 수단 역할만 하는 것이 아니라, 중국에 산업의 낮은 마진율을 주요 경쟁력으로 하는 중국산업에는 기회가 된다.

　중국식 경제개혁과 산업구조 조정은 첨단기술에 더욱 큰 주의를 기울이게 하였고, 첨단기술에서 '비교적 열세'인 중국이 자신의 작용을 발휘하면 낮은 마진율과 첨단기술은 산업을 업그레이드 후에는 중국의 강한 경쟁력이 될 것이다. 다른 나라와 다른 점은 중국은 한 가치사슬의 저급 혹은 고급 부분으로 동시에 발전할 수 있다는 점이며, 중국이 가치사슬을 높은 단계로 발전시켜 글로벌 범위에서 더욱 큰 시장을 확보할 수 있다는 점이다.

'배분' VS '증가'

지금 전 세계경제 산업구조의 조정 추세 중 하나는 경제성장이 계속되고 있으나 이런 현상이 반드시 취업률의 성장을 가져다주지는 않는다는 점이다.

산업구조의 조정은 고급화·자본집약의 추세를 보이고 있다. 산업은 더욱 유기적으로 구성되어 단위자본이 요구하는 노동은 점점 줄어들고 있다. 1990년대 이후 중국의 취업률은 경제 총량의 증가보다 현저히 낮은 성장을 보여주었다. 이는 경제 총량의 증가가 일자리에 미치는 영향이 줄어들고 있음을 의미한다.(그림 3—7)

중국의 노동력시장이 완벽해지고 노동력 가격협상 능력이 향상되면서 실질임금도 부단히 많아져 노동생산율과의 차이도 점차 좁아지고 있다. 이렇게 되면 '숙련공'이 저급노동을 대체하게 된다. 제2차 산업총량의 성장이 일자리 창출에 미치는 효과는 제3차 산업보다 낮다.

한 경제실체에서 얼마나 많은 사람들이 고급, 정밀, 첨단산업에 종사할 수 있는가? 만약 고급, 정밀, 첨단산업에 종사할 수 있는 노동력의 비중이 적고, 취업률이 대폭 상승하지 않는 상황이라 해도 노동자 전체의 수입은 여전히 증가할 수는 있다. 산업구조 조정에 적응하는 적은 규모의 노동자들의 수입은 대폭 증가할 뿐만 아니라, 변화에 적응하지 못한 대다수 노동자들의 수입도 피동적으로 증가하게 되기 때문이다.

　불건전한 노동력시장에서 취업기회의 부족은 노동력의 담판능력 제고를 저해한다. 시장은 강력한 힘으로 산업구조 조정을 촉진하고 있다. 하지만 이런 조정은 시장에서 수입의 평균분배를 완성하지 못할 뿐만 아니라, 수입 차이를 확대하여 취업문제와 가정의 수입문제를 악화시킨다. 또한 이는 심각한 사회문제로 표현된다. 이것이 바로 구조조정의 사회원가이다. 이를 "구조조절 사회대가의 천장(天花板)"이라고 한다.

　경제가 성장하고 있으나 취업은 증가하지 않는 것이 지금 중국 개혁이 직면한 현실이다. 이로 인해 엄중한 수입 분배의 차이가 나타나고, 이런 차이는 날로 심각해져 사회문제로 떠오르고 있다. 이는 중국경제의 패턴개혁과 산업구조 조정과정에서 필연적으로 나타나는 문제이다.

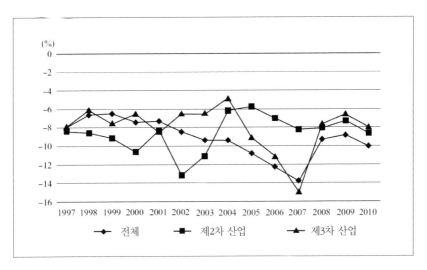

그림 3-7 취업의 성장속도와 GDP 성장속도의 차액(2000-2010년)

자료 출처: 『중국거시경제 분석과 예측 보고』(2012년 제1분기)에 근거하여 통계했다.

중국정부는 산업구조조정 과정에서 변화에 미처 적응하지 못하는 대다수 노동력의 안치문제를 충분히 중요시하고 있다. 중국정부는 반드시 개혁의 사회원가에 대한 대비를 위해 대책을 세워야 한다. 빠른 속도로 발전하고 있는 중국의 경제 환경에서 이런 사회문제를 제대로 해결하지 못하면 "다모클레스의 칼"[07]이 머리 위에 있는 상황과 다름없다.

"흐름" VS "결과"

경제의 글로벌시대에 글로벌자원의 흐름을 통제하고 글로벌경제 생산품의 흐름을 통제할 수 있는 국가는 자원과 생산품 두 가지의 흐름을 통제하는 기초 위에서 세계경제 규칙을 제정하는 과정에서 더욱 많은 발언권을 가지게 되고, 나라의 자원을 근본적으로 보장할 수 있게 된다.

21세기 생산력 발전추세와 인력자원, 금융자원의 흐름을 결정하는 것은 결정적 의미를 가진 자원이다. 글로벌경제에서 생산품의 흐름은 국가경제와 국민생활의 기초와 관련된 상품과 미래를 주도하게 될 첨단상품과 관계된다.

1997년—1998년에 아시아의 금융위기는 세계금융의 외곽지역 국가들에게 커다란 충격을 안겨주었다. 하지만 세계금융의 중심인 월가와 런던 등 지역의 글로벌 자원배치 기능은 아무런 영향도 받지 않았을 뿐만 아니라, 반대로 여전히 증가하고 있었다. 전체 동남아시아의 생산라인이 큰 타격을 받은 상황에서 중국이 그들의 수요를 만족시켜 주고 있다.

---

07) 다모클레스의 칼 : 고대 그리스의 이야기에서 유래된 권력의 무상함과 위험을 강조한 서양 속담

당시 정치적 경제적으로 안정적인 중국은 대량의 해외상인들을 끌어들여 세계 공장으로 탈바꿈했다. 사실 이는 월가의 자원 배치의 결과이다. 간단히 말하면 유럽과 미국의 수요, 세계 FDI와 월가의 참여 하에서 '세계의 공장'인 중국이 완성되었던 것이다.

2008년 미국의 "서브프라임 모기지론 위기"는 세계금융의 중심을 혼란에 빠지게 해 글로벌 자원배치의 기능이 어느 정도 영향을 받았다. 이는 중국이 세계에서 중국의 이익에 입각하여 자원을 배치하여 산업구조 조정의 고급 플랫폼을 완성할 수 있는 기회가 되었다.

상품을 해외로 수출만 한다면 기껏해야 대국일 뿐이고, 자본이 해외로 나가야만 강국으로 향하는 발걸음을 내딛었다고 할 수 있다.

중국은 자원이 해외로 나가는 첫 걸음을 내딛었다. 근년에 중국은 적극적으로 아프리카, 남아메리카의 국가들과 협력하여 중국방식으로 중국특색의 자원배치를 진행하고 있다. 이는 중국 국내경제의 쾌속적인 발전을 보장해줄 것이다.

근년에 중국의 해외직접투자는 빠르게 증가했다.(표 3-2) 2010년 해외에 대한 직접투자는 세계의 5.1%를 차지해 일본과 영국을 이어 세계 5위가 되었다. 이는 발전도상국 가운데서 제일 높은 점유율이다. 중국은 '중등수입' 단계에 접어들어 해외에 대한 직접투자는 500억 달러가 넘었다.

표3-2 2000—2008년 발전도상국의 해외직접투자액 단위 : 10억 달러, %

지역/국가	2000	2001	2002	2003	2004	2005	2006	2007	2008
아프리카	1.5	-2.7	0.3	1.2	1.9	1.1	7.1	10.6	9.3
라틴아메리카와 카리브해지역	60.0	32.2	14.7	15.4	27.5	32.8	63.6	51.7	63.2
아시아	82.2	47.1	34.7	19.0	83.4	83.6	144.4	223.1	220.1
서부아시아	1.5	-1.2	0.9	-2.2	7.4	15.9	23.9	48.3	33.7
동부아시아	72.0	26.1	27.6	14.4	59.2	54.2	82.3	111.2	136.1
중국	0.9	6.9	2.5	-0.2	1.8	11.3	21.2	22.5	52.2
남부아시아	0.5	1.4	1.7	1.4	2.1	1.5	14.9	17.8	18.2
동남아	8.2	20.8	4.6	5.4	14.7	12.0	23.3	45.8	32.1
발전도상 경제실체	143.8	76.7	49.7	35.6	112.8	117.5	215.3	285.5	292.7
세계	1244.5	764.2	539.5	561.1	813.1	778.7	1396.9	2146.5	1857.7
발전도상 경제실체의 점유율	11.6	10.0	9.2	6.3	13.9	15.1	15.4	13.3	15.7

자료 출처: UN 국제연합무역개발협의회, 『2006년 세계 투자보고』, 『2009년 세계 투자보고』.

중국의 해외에 대한 직접투자가 빨리 증가할 수 있었던 원인은 중국국 내의 경제발

전이 뒷받침해주었기 때문이다. 중국은 개혁개방 초기에 세계은행 경 제고문인 하버드대 Hollis B. Chenery 교수가 제기한 "두 가지 부족" 즉 저축의 부족과 외화 부족현상이 나타났다. 해외투자에 대한 규제를 강 화하면 비교적 효과적으로 이 두 가지 문제를 해결할 수가 있다. 중국의 경제발전과 더불어 외화 보유액이 증가하면서 국내의 저축액과 외화보

유액이 모두 과잉현상이 나타났다. 이런 상황에는 해외에 대한 직접투자의 규제를 완화할 필요가 있다.

지금 세계의 경제패턴에서 자금의 흐름을 통제할 수 있고, 전 세계 상업규칙 제정에 참여하거나 상품표준을 정할 수 있으면, 모두 강자라 할 수 있다. 계속된 개혁과 개방을 통해 중국은 전 세계의 경제라는 '게임'에서 규칙을 제정할 수 있는 기초를 마련하고 있다. 중국은 세계경제의 규칙을 준수하고 집행하면서 각종 경제조직이 부여하는 권리를 이용하여 글로벌규칙이 중국에 주는 이익을 보호하고 있다. 세계의 '게임규칙'은 중요하지만 이런 규칙의 제정에 참여하거나 규칙을 이용하여 규칙이 허용하는 범위 내에서 중국은 자신의 이익을 보여주는 것이 바람직하다. '게임'은 '게임' 규칙에 따라 진행되어야만 하는데, 규칙을 정한 사람이 당연히 더 많은 발언권을 가지게 된다.

중국은 경제패턴의 변화과정에서 세계경제의 '게임' 제정에 적극적인 관심을 보이고, 주동적으로 개입하고 적극적으로 참여하여 규칙에 중국의 이익을 반영하여 발언권을 확보하고 있다. 또한 세계의 기타 국가들과도 공동으로 협력하여 세계경제 불균형의 부정적인 영향을 극복하기 위해 노력하고 있다. 중국은 더 많은 경제 글로벌 혜택을 받기 위해 노력하고 있는 것이다.

제4부분
불균형과 균형

제4부분
불균형과 균형

"같은 문제를 100명의 경제학자에게 물으면 101개 답안이 나온다." 경제학자들 각자 다른 의견을 가지고 있기에 이런저런 재미있는 이야기들이 많다. 하지만 "지금 세계경제는 불균형이다"는 명제 토론에 모든 경제학자들은 하나같이 찬성이라고 입을 모으고 있다.

"세계경제는 불균형하다." "세계경제는 새로운 균형이 필요하다." 세계는 이런 견해에 보편적으로 긍정적인 태도를 보이고 있다. 하지만 "세계경제 새로운 균형의 책임"이나 "세계경제 새로운 균형을 찾는 방법" 문제에 사람들은 서로 다른 의견을 가지고 있다.

경제의 새 균형을 찾는 문제는 경제 학가들만의 문제가 아니며 단순 경제학의 범위를 넘어섰다. 여기에 이익 쟁탈, 정치 압력, 사회 변혁 등등 여러 가지 문제가 함께 어우러져 지금 세계경제 무대에서 경제 새 균형을 찾는 문제는 가장 방대하고 복잡하지만 제일 중요하고 제일 절박한 문제가 되었다. 세계경제 새 균형의 무대는 이미 준비되었고 이를 위한 서막도 열렸다. 그러면 누가 이 무대의 주인공이 될 수 있는가? 중국은 이 무대 위에서 어떤 배역을 맡을까? 새로운 균형은 조정 과정이며 변혁의 과정이다. 조정이 진행되면 당연히 대가를 지불해야 하며 변혁이 있으면 일정한 손실이 일어나기 마련이다. 새로운 평형을 위해 세계경제가 나아가야할 길은 길고 먼 곡절의 여정이며 이 길은 결코 순탄하지 않을 것이다.

세계경제의 "불균형"과 "새로운 균형"

오랫동안 사람들은 세계경제는 불균형하다는 것을 승인했다. 동시에 이런 "불균형"은 경제의 글로벌화 과정에 형성된 것이며 "불균형 이후 새로운 균형"이 필요하다는 것을 모두 공감하고 있다. 하지만 근 30년 간, "불균형"과 "균형"의 의미는 크게 변했다.

지금의 "불균형"은 예전의 "불균형"이 아닌가?

경제 글로벌화가 발전하면서 세계경제 불균형의 개념은 세계적인 범위에서 새롭게 해석되고 이해되어 예전의 그 "불균형"의 의미가 아니었다. 이런 의미의 변화는 중국에 큰 영향을 미쳤고 내용의 변화는 중국의 발전에 점점 불리해지고 있다.

세계경제 불균형이라는 단어는 새로 나온 개념이 아니다. 20세기에도 세계경제 불균형에 관한 토론이 끊임없이 진행되었다. 모두 이런 불균형이 다시 균형을 찾아야만 세계경제의 지속적인 발전에 유리하다고 여기고 있다. 당시 사람들은 부유한 나라와 가난한 나라가 있기에 세계경제의 불균형이 존재한다고 말했는데 이는 개발도상국과 선진국 간의 경제 관계를 의미한다. "불균형"은 선진국과 개발도상국 간의 빈부의 차이의 불균형을 의미하며 부유함과 빈곤이 동시에 존재함을 뜻한다. "평형"은 선진국이 개발도상국에 지원을 해야 할 책임이 있는데 이는 개발도상국의 발전 방법의 문제이다. 개발도상국이 발전해야 전 세계경제는 전면적으로 발전되었다고 할 수 있다. 때문에 20세기 90년대에 밀레니엄 빈곤퇴치계획은 좋은 발전을 가져왔다.

이는 중국에 좋은 발전 환경을 마련해 주었다. 중국은 세계에서 제일 큰 개발도상국이며 세계에서 빈곤인구가 제일 많다. 중국과 인도의 빈곤 인구는 세계 빈곤인구의 반 이상을 차지하고 있는 상황에서 이 두 나라의 빈곤문제가 해결되면 세계의 빈곤 문제는 반을 해결하는 셈이다.

중국의 개혁개방은 세계 빈곤퇴치에 유리했기에 세계는 이를 찬성하고 옹호했다. 때문에 20세기 90년대 중국이 개혁개방을 시작한 초기, 세계는 이런 중국을 지지하고 아낌없는 지원을 보내주었다. 자금이 부족하면 수많은 외자기업이 중국에 몰렸고 시장이 부족하면 다른 나라는 중국을 향해 두 팔을 벌려 맞이했으며 기술이 필요하면 관련 기술을 양도하기도 했다. 이는 세계가 빈곤퇴치, 균형, 지속적인 발전을 바라기 때문에 가능했다. 선진국에서 개발도상국의 빈곤퇴치를 도와줄 의무가 있다고 여겼다. 당시 중국의 경제 상황은 이런 세계적인 요구에 부합되었던 것이다.

21세기에 이르러 세계경제는 여전히 불균형하다. 하지만 21세기의 세계경제 불균형의 의미는 예전과 달랐다. 사람들은 균형 앞에 다시라는 의미로 불균형한 세계경제가 "재균형"을 요구한다고 말하고 있다.

이 시기 불균형은 선진국과 신흥시장경제국 간 수입과 지출의 경상계정의 불균형으로 세계경제의 지속적인 발전이 어렵다는 의미를 가지고 있다. "재균형"은 국제 수입과 지출의 불균형을 의미하는데 신흥시장경제국이 거액의 무역 흑자 부담이 존재함을 말한다. 중국은 지금 세계에서 무역 흑자가 제일 큰 나라이고 수출이 제일 많은 나라이며 외화보유액이 제일 많은 나라이다. 세계 무역 적자와 흑자가 제일 큰 나라가 바로 미국과 중국이다.

이런 상황에서 선진국은 중국이 무역 흑자를 줄여 세계 재균형을 위해 노력할 것을 요구하고 있다. 이런 요구는 중국의 발전에 불리하다. 지금의 "재균형"의 세계 경상계좌 불균형 문제에 비하면 예전의 빈부 "균형"은 부차적인 문제가 되었다. 신흥시장경제국, 특히는 중국은 응당 무역흑자를 대폭 줄여 미국 등 선진국이 무역 적자 극복에 도움을 주어야 한다. 재균형을 요구하는 세계경제는 공유와 지속적인 성장 가능한 질서를 형성하려고 노력하고 있다. 과거 빈부차이의 균형을 위한 발전 문제는 지금 국제경제거버넌스와 협력의 주요 토론 의제가 아니다. 지금 제기할 수 있는 발전 의제는 세계경제의 균형발전에서 녹색발전으로 이전되었다. 이런 상황에서 세계경제 모순이 혼합되어 나타나는 상황은 일반적인 상황이 될 것이다.

"현상" "본질"?

세계경제 불균형은 글로벌 자원 배치와 수입 배분의 불균형이다. 앞에서 적었듯이 세계경제 불균형은 선진국과 신흥시장경국 간의 국제 수출입 경상수지의 불균형을 말하는데 특히 중국과 미국 간의 무역 차액이 제일 큰 문제로 떠오르고 있다. 하지만 불균형의 실질은 선진국과 신흥시장경제국 사이의 각 국가의 국내 경제 구주의 불균형과 실제 경체와 가상경제 발전의 불균형이며 글로벌 금융 발전의 불균형이다.

비록 서방 학자들이 2008년에 시작된 국제 경제 위기는 위에서 언급한 "세계경제불균형" 때문이라고 한다. 하지만 2008년 국제금융위기의 실질은 다년간 미국이 자신의 금융과 가상경제를 과도하게 발전시켜 실체경지와 가상경제의 엄중한 불균형을 초래했기에 발생한 금융위기이다.

중미 경상계좌의 엄중한 불균형의 원인은 비즈니스 모델을 과도하게 소비한 미국에 있다. 세계경제는 원동력이 필요하다. 글로벌 상품에 대한 과잉 수요는 동아시아 국가 주요하게 중국의 과잉생산과 과잉공급을 초래했다. 주의해야 할 점은 이런 불균형의 전제조건은 미국이 주동적으로 산업 구조를 부동산과 금융을 주요 경제 산업으로 만들고 국내 주민들의 과도한 신용대출 소비를 허용하는 방식으로 발전한 비즈니스모델이다. 이는 미국 국내 가상경제 팽창을 초래했으며 기타 실체 경제를 이탈하여 독립적으로 존재하는 처지에 이르러 위기 발생의 원인이 되었다. 글로벌 경제 불균형의 주요 원인은 각국 내부의 구조 문제이며 이런 불균형의 제도적 근원은 달러가 주도하는 국제 화폐시스템에 있다. 이런 원인으로 글로벌 경제의 총 수요를 제때에 소화했기에 지금의 세계경제 불균형 상황이 나타났다.

"감기는 내가 걸렸지만 약은 네가 먹어야 한다."

세계경제 불균형을 조절하는 문제는 후위기 시대 세계경제가 해결해야 할 주요 문제가 되었다. 하지만 깊은 강물이 하루사이에 얼어붙을 수 없으니 세계경제의 재균형 과정에서의 어떠한 구조 조정도 본국의 이익에 큰 영향을 미치게 되며 국내 이익 분포에 영향을 미치게 된다. 때문에 국내 기득이익집단은 모든 방법을 다해 이런 조정을 거부하고 있다. 각국 정부는 국내 경제 조절에서 큰 저항을 받게 된다.

지금 세계경제 불균형에서 제일 주요한 불균형은 중미 간의 불균형이다. 미국은 자신의 이익을 보호하기 위한 목적으로 세계경제 재균형의 책임을 회피하고 있다. 미국은 중미 간의 무역 차액, 심지어 세계경제의 새로운 불균형 원인을 중국에 떠넘기고 있다.

영국『데일리 텔레그래프』사이트에 보도에 따르면 미국 연방준비제도 이사회 의장인 벤 버냉키(Ben Shalom Bernanke)는 중국이 "모든 국가의 성장속도를 늦추게 한다"고 했다. 버냉키는 인민폐의 화폐가치 상승을 초래하는 행동은 "전 세계 무역과 경상계좌의 균형 보증금지불과 경제와 금융의 장기적인 안정에 이상적인 결과"를 가져오게 한다고 했다.

이와 비슷한 언론은 미국이 자신을 위한 변명이며 세계경제 재균형의 책임을 중국에 떠넘기려는 속셈이다. 사실 미국의 "감기는 내가 걸렸지만 약은 네가 먹어야 한다"는 식의 일 처리 방법은 일의 해결에 아무런 도움이 안 된다.

평계 1: 중미무역의 불균형은 매우 엄중하다.

미국은 중미 무역의 불균형을 엄중성을 과대포장해서 말하고 있다.

첫째, 미국은 중미 간의 경상계좌의 실제 차액을 부풀려 보도하고 있다. 전통적인 수출입무역 통계에서 경상계좌는 한 나라의 수출입 무역과 투자 수익, 지출을 의미할 뿐 다국적 기업의 무역활동을 고려하지 않았다. 중국에서 수출하는 상품의 60%는 외자회사에서 완성한다.

모두 알다시피, 미국 기업은 본국에서의 제조를 포기하고 상품 생산업무 대부분을 중국으로 이전하였고 미국 기업은 중국에서 생산한 상품을 중국, 미국 과 세계 시장에서 판매하고 있다. 이것이 바로 중미 간의 무역 현황이다. 대규모의 미국 자산이 중국에서 생산 활동에 참가하여 미국의 상품 수요를 만족시키고 있다. 다국적 기업은 이 과정에서 큰 역할을 하고 있다. 때문에 중미 무역 차액의 불균형을 계산 할 때 미국 기업이 중국에서 생산을 완성하여 미국으로 수출하는 수출액을 계산하지 말아야 하며 중미 다국적 회사의 생산과 수출 활동을 고려하지 않으면 불합리하다. 미국이 중국과의 무역을 통계할 때 바로 부분을 계산하지 않고 중미 간의 무역 불균형 사실을 과대 포장했다.

이 외에도 미국경제 무역 통계의 표준, 범위, 원산지, 통과무역 및 기타 증가치의 계산 방법에도 여러 가지 불합리한 점이 있다. 이런 오차는 중미 경상계좌 차액을 증가시켜준다. 사실상 중미간의 무역 차액 통계의 오차 대부분은 중미 간의 통과무역에서 나타난다.

둘째, 미국은 중미 무역 이익의 큰 몫을 챙겨가고 있다.

우선 중미 간의 무역 구조의 상호 보완 작용을 하고 있으며 양측의 무역은 서로에게 유익한 상생효과를 가지고 있다는 점을 유의해야 한다. 중국은 개발도상국이며 경제 발전 수준이 비교적 낙후하며 미국으로 수출하는 상품 대부분은 원가 우세의 상품이며 노동집약형 상품이다. 반대로 미국은 세계의 슈퍼 대국으로 자본, 기술, 브랜드 등 무형자산에서 절대적인 우세를 차지하고 있어 무역 이익 배분에서 우세의 지위에 있다. 미국은 이런 우세로 중미 간 무역의 대부분 이익을 가져간다. 중미 간 무역 이윤의 배분부터 불균형하다.

글로벌 산업사슬에서 중국은 주요하게 가공, 조립 등 기술함량이 적고 무역 이익이 적은 부분의 생산을 완성하고 있다. 미국은 주요하게 상품 개발, 판매 및 서비스 업무를 완성한다. 여기서 우리는 미국 자본이 글로벌 산업 사슬을 통제하고 있고 이윤 배분을 주도하고 있다고 할 수 있다. 중미 무역의 이익 배분에서 미국 자본은 비교적 큰 비율을 차지하고 있다. 중국 자본이 이익 배분에 참여할 수 있는 능력이 상대적으로 약하기 때문에 이익 배분에서 낮은 비율의 이윤을 가져가게 된다.

비록 중미 무역의 관계가 비록 서로에게 유익하고 상생의 관계라고 하지만 중미 양측 이익 배분 관계는 엄중하게 불균형하다. 중미 무역에서 미국은 대부분의 이익을 얻었음에도 불구하고 불평등한 대우를 받았다고 강조하며 중미 무역의 불균형의 엄중성을 과장하고 있다.

평계 2: 세계경제의 재균형을 위해 인민폐 가치는 응당 대폭 상승해야 한다.

"인민폐 환율 과소평가→저렴한 중국 수출 상품 가격→부단히 커지고 있는 미국에 대한 중국의 무역 흑자→미국 산업이 불경기→높아만 가는 미국의 실업률" 대다수 미국 사람들은 이 논리를 찬성하고 있으며 이를 근거로 중국의 인민폐 가치 상승을 요구하고 있다. 심지어 미국은 인민폐 환율을 정치 도구로 이용하기도 한다. 중미 무역과 기타 신흥경제실체 무역의 현실과 일본과 미국, 독일과 미국 무역 역사는 화폐 환율 조절이 무역 불균형을 바로잡는 특효약이 아님을 증명해주고 있다.

미국에 대한 중국의 거액 무역 흑자는 주요하게 미국의 과도한 소비와 중국의 과잉생산 등 구조성 문제 때문에 나타난 것이다. 다시 말하면 미국 달러가 주도하는 국제통화시스템에 의해 나타난 것이지 인민폐 환율 때문에 나타난 현상이 아니다. 미국이 국제통화시스템의 주요 화폐라는 전제가 변하지 않는 한 미국이 바라는 장기간의 대외무역 균형은 실현하기 어렵다.

미국 자신의 산업구조가 있기에 무역 흑자가 나타난다고 해도 미국의 일자리가 늘어난다는 보장이 없으며 무역 적자라고 해도 취업률이 줄어든다고 확정할 수 없다. 미국의 무역 적자는 그들의 연구와 개발, 해상 운수, 마케팅, 금융 등 여러 분야에서 많은 일자리가 나타나게 된다. 물론 중미 양측의 소비, 회사 운영 방침 등 발전 방식을 조절할 필요가 있으며 중국의 과잉 생산과 미국의 과도한 소비로 인한 세계경제의 취약한 균형을 개변할 필요가 있다.

세계경제 재균형 과정에 환율은 국제 무역에 영향을 주는 수많은 요소들 중 하나일 뿐 유일한 원인이 아니며 결정적 작용을 하는 요소가 아니라는 것을 정확히 알아야 한다. 분업과 협력, 원가 비교, 천부적 요소, 차별 상품과 수요의 중복, 시장 경쟁력, 자본의 국제 이전, 기술 개혁과 상품 개혁, 관련 국가와 지역 간 상품 공급과 수요 관계 등 여러 가지 요소는 모두 국제 무역에 영향을 미치고 있다. 중미 무역의 불균형을 분석할 때 기타 원인을 무시하고 환율 문제만 확대하여 문제 삼는 것은 본말 도치의 억지송사라 할 수 있다.

앞에서도 언급했지만 중미 양국의 무역 불균형은 글로벌 산업의 전이와 미국 산업구조의 업그레이드로 미국이 중하층 상품의 생산과 글로벌 산업 사슬에서 생산하는 상품의 가공과 조립 라인을 중국으로 옮겼기에 나타난 국제 무역의 불균형이기에 간단하게 인민폐 환율을 대폭 증가시킨다고 해서 개변될 수 있는 상황이 아니다.

중국의 각도에서 분석하면 세계경제 불균형은 글로벌화 과정에 나타난 현상이며 이 과정에 미국은 주요 수혜국이다. 다시 균형을 찾아 가는 과정은 장기적인 임무이며 중국은 응당 관련 책임을 져야 한다. 중국은 적극적인 국내 경제 구조 조정, 경제성장 방식의 변화, 산업의 업그레이드 등 노력을 한다면 중국의 무역 흑자는 점차 줄어들 것이라 믿는다. 중국이 세계경제의 새로운 균형을 위해 노력을 할 것이다.

하지만 미국은 이런 결과를 바라지 않는 듯하다. 미국은 장기적인 효과보다 인민폐의 가치를 높여 빠른 시간에 세계경제의 새균형을 희망하고 있다. 사실 이 모든 것은 미국 정치인사들이 미국 국내의 경제성장이 느리고 실업률이 높아만 가고 채무위기가 계속되는 등 정치적 압박에서 벗어나기 위해 필요한 희생양이 필요했기 때문이다.

인민폐 가치 상승은 미국뿐만 아니라 세계경제에 유리하기도 하고 불리하기도 하다. 미국정부와 미국 정치가들은 이 점을 누구보다 잘 알고 있지만 모르는 척하고 있을 뿐이다. 그들은 인민폐를 정치 무기로 사용하여 사람들을 미혹시키려 하고 있다. 만약 인민폐가 그들의 바람대로 대폭 상승한다면 미국의 수입 원가도 높이고 중국의 수출량도 줄이는 효과가 있게 되어 원래 불균형인 세계경제가 더욱 큰 타격을 입게 된다. 새로운 균형을 바라는 사람들은 염원과 달리 더욱 심각해진 세계경제 불균형이 나타날 수 있다.

역사의 기록과 일본, 독일의 경험으로 분석해 보면 한 나라 화폐의 상승과 하락이 무역 수입과 지출에 미치는 영향에는 한계가 있다. 20세기 70년대, 미국은 무역 문제 때문에 독일과 미국에 압력을 가해 두 나라의 화폐 가치를 대폭 상승시켰다. 하지만 2008년에 이르러 미국은 독일과의 무역에서 여전히 429억 달러의 적자를 기록했고 일본과의 무역 적자는 726억 달러를 넘었다. 2005—2008년 사이 인민폐와 달러의 환율을 급격히 상승하였지만 같은 시기 미국의 대 중국 무역 차액은 역사적으로 제일 빠른 성장을 보여 년 평균 21.6%의 속도로 증가하였다. 2009년 인민폐와 달러의 환율은 상대적으로 안정적인 상황이었다. 이 시기 미국의 중국과의 무역 차액은 16.1% 하락했다. 이로부터 인민폐 환율은 중미 무역 적자의 주요원인이 아님을 알 수 있으며 미국의 "병근"은 미국 자신의 불균형 때문임을 알 수 있다.

인민폐가 단기간에 급속히 상승하면 중국 국내 거시 경세의 원활한 운행과 산업 구조의 업그레이드에 영향을 미쳐 중국에게도 불리하게 작용한다. 만약 100만 달러가 있다고 할 때 이를 인민폐로 환산하면 630만 위안이다. 그중 130만 위안으로 집 한 채 산 다음 500만 위안을 은행에 저축해 놓고 인민폐 환율이 1달러에 5위안으로 된 후 인민폐를 다시 달러로 바꾸면 원래 100만 달러로 되돌아와 일전도 손해 보지 않는다. 그렇다면 남겨진 부동산은 어디서 온 것인가? 인민폐 환율 문제에서 미국의 어려움만 고려할 수는 없다. 인민폐 환율은 중국 경제의 실제 상황에 근거하여 주동적으로 점차적으로 통제 가능한 범위에서 변화해야 하며 중국 경제 발전 양식의 개혁을 위해 변화해야 한다.

핑계 3: 중국은 응당 미국으로부터 더 많은 상품을 수입해야 한다.

미국은 중미 간의 무역 불균형을 개선하여 세계경제의 재균형을 되찾으려면 인민폐 가치가 대폭 상승되어야 하며 중국은 미국으로부터 더 많은 미국 상품을 수입해야 한다고 주장한다. 하지만 이런 방법이 중미 경상계좌의 불균형 상황을 개변할 수 있는가? 그 답안 역시 확실하지 않다.

지금의 불균형 상황을 분석할 때 먼저 중미 간의 무역 구조를 고려해야 한다. 개발도상국인 중국이 미국으로부터 수입하는 상품을 증가하게 되면 이미 수요보다 공급이 많은 과잉상태의 중국 국내 소비품 시장에 더 큰 경쟁을 초래하게 된다. 이런 경쟁은 일부 경쟁력이 부족한 기업의 파산과 노동자들이 실업 현상이 나타나게 되며 국내 시장의 축소하고 사람들의 수입이 줄어들어 소비능력을 저하되어 미국 상품 수입도 줄어든다. 또한 경쟁력이 강한 기업은 상품 수출을 강화하여 무역 불균형을 악화시킨다.

상술한 상황은 미국 소비품이 가격, 성능 등 방면에서 경쟁력을 가진 상황에서 나타날 수 있는 가능성이다. 사실상 소비품 시장에서 중국의 일반 상품은 미국 상품보다 강한 경쟁력을 가지고 있다. 만약 수입상품의 량이 많아지면 중국 일부 산업의 산업과잉 현상을 가중시켜 기업이 문을 닫는 상황이 나타나게 된다. 이렇게 되면 실업자가 늘어나 가정의 수입에 영향을 미치게 되며 이는 수입상품에 대한 감소로 나타난다. 또한 수입상품의 맹목적인 증가는 새로운 생산 능력과 상품 수출 능력을 형성하여 선진국과의 무역 적자를 가중시킨다. 때문에 중국에서 미국 상품 수입을 증가하라는 강압요구는 균형 무역을 가져올 수 없다.

중미 간 무역 차액의 주요 원인은 미국이 경쟁력이 있는 첨단기술과 상품에 대한 수출을 제한하고 있기 때문이다. 그들이 수출하는 중급, 저급 기술 상품에서 중국도 괜찮은 경쟁력을 가지고 있다. 중국 국내시장이 이미 포화상태이기에 미국으로부터 대량의 상품을 수입할 필요는 없다. 미국은 중미 무역의 불균형에서 거대한 이익을 가져가고 있다. 그들은 중국에서 값싸고 질 좋은 상품을 수입하여 미국의 통화팽창을 억제했고 소비자들은 생활에서 혜택을 얻어 적지 않은 소비를 줄여 생산 노동 원가를 낮추었다. 동시에 중국은 미국과의 무역 흑자에서 달러로 미국 국채를 구매했다. 미국은 금융 이익을 얻었지만 중국은 미국 달러의 가치 하락으로 인해 일련의 디지털로 기록된 싸구려 국채만 남겨질 위험을 감당해야 했다. 이런 상황에서 미국은 아무런 손실도 없다. 때문에 세계경제의 불균형에서 미국은 수혜자이다.

글로벌 불균형의 원가는 누가 부담해야 하는가?

세계경제의 불균형은 구조와 제도의 문제이다. 때문에 이런 문제들을 하루 사이에 개변하려 하지 말아야 한다. 하지만 이런 불균형이 발전하고 악화되는 것을 방치하면 글로벌 경제 발전은 더욱 불균형하고 불안정하게 되어 경제위기에서 재생하고 있는 세계경제에 부정적인 영향을 미친다. 때문에 선진국이나 신흥경제시장국가는 모두 세계경제 무대의 주인공이기에 불균형을 바로잡아야 할 의무가 있으며 불균형 조절 과정에서 각자의 책임을 져야 한다. 자신의 책임과 의무를 다하려 하지 않고 다른 나라의 책임만 물으려 한다면 세계경제에서 상생의 결과를 가져오기 어렵다.

세계경제의 불균형과 글로벌 경제 위기는 계속 되고 있다. 선진국은 빠른 시간에 경제를 살려 위기를 극복하기 위해 경제 재균형 전략을 제기했다. 서방국가의 경제 재균형 전략의 의미는 아래와 같다. 세계경제의 불균형을 바로잡으려면 상응한 대가를 지불해야 하기 마련이다. 선진국은 여러 가지 경제 정책과 무역 정책으로 경제 재균형에 필요한 대가를 신흥경제실체로 이전할 수 있는 능력을 가지고 있다. 그들은 세계경제 재균형의 주요 대가를 신흥경제실체가 지불하게 하여 세계경제의 재균형을 위한 구조조정의 고통을 감당하려 하지 않고 세계경제 재균형의 이익만 얻으려 하고 있다. 중국은 경제 총량이 제일 큰 나라이며 수출지향형 경제의 발전이 제일 빠른 나라이며 국가 체제와 가치관이 기타 선진국과 다르기에 선진국은 중국이 세계경제 불균형의 주요 책임을 져야 한다고 한다.

진정한 경제 재균형 전략은 경상계정의 균형만 고려하고 재균형의 초점을 무역에만 둘 것이 아니라 여러 나라에서 본국의 경제 구조에 근거하여 산업구조를 최적화하여야 하며 현행의 국제 화폐 시스템을 개혁하여 글로벌 경제가 낮은 통화팽창 상황에서 활력을 회복하게 해야 한다. 나라 간 지역 간의 빈부차이를 줄여 세계경제의 지속적인 발전을 도모하는 것이 바람직하다. 국내 경제와 국제 무역이 균형적으로 성장하고 이런 성장이 장기적으로 지속 가능해야 한다. 경제성장의 구동력 작용을 하는 선진국의 수요만 강조하거나 신흥경제시장국가들의 공급 능력만 강조한다면 이상적인 효과를 얻을 수 없다. 아무리 목이 마르다고 해도 독이 든 물을 마실 수는 없다. 후과를 고려하지 않고 성급하게 결정하고 실행하게 되면 세계경제의 불균형을 악화시켜 모두가 큰 피해를 입을 수 있다.

총적으로 세계경제의 재균형은 모든 국가가 공동으로 노력해서 완성해야할 목표다. 선진국경제실체인 미국은 그들의 소비 방식을 개변하고 과소비를 줄이고 저축을 늘여 재정 적자를 줄이고, 유럽과 일본은 국가 내부 경제와 구조 개혁을 실행하여 국내 수요를 늘여 경제성장률을 높이고 기술 개혁을 제창하여 경제 발전 잠재력을 증가하고, 중국과 같은 신흥시장경제국가는 경제성장 방식을 개변하고 산업구조를 개혁하여 인민폐 환율의 시장화를 다그쳐야 한다. 중국과 미국이 세계경제 불균형에서 특수한 위치에 있기에 중미 양국은 세계경제 재균형을 위한 조정 과정에서 더 큰 책임을 져야하며 더욱 중요한 작용을 해야 한다.

글로벌 경제의 불균형 문제를 해결하려면 세계 여러 국가와 지역은 응당 서로 협력하고 지지하여야 하지 서로 책임을 떠넘기지 말아야 한다. 세계경제 재균형은 세계 각국 공동의 책임이다. 세계경제 불균형에서 불균형을 보이고 있는 주요 국가 간의 지속적이고 성의 있는 국제 협력이 있어야만 세계경제 재균형 목표는 실현 될 수 있다.

제5부분
중국: 글로벌 협조와 글로벌 거버넌스에 참여

제5부분
중국: 글로벌 협조와 글로벌
거버넌스에 참여

글로벌 거버넌스의 '죄'와 '벌'

현실 세계는 "좋은 사람, 아름다운 경치"만 있는 것이 아니다. 하지만 세상의 풍파를 이겨내고 수많은 계절이 바뀌고 세월이 흐르면 "아름다운 경치"를 볼 수 있는 날이 올 것이다.

이익이 존재하기에 현실 세계에서 나라와 나라 사이에는 치열한 경쟁이 존재하게 된다. 이들은 부단히 이익 배분을 진행하며 서로의 위치가 바뀌기도 하며 전체 구조도 변화하게 된다. 동맹국인가 아니면 적수인가? 이는 한 끗 차이이다. 세계 각국의 복잡한 관계 변화는 모두 "국가 이익"과 연관되어 있다. 독일의 철혈재상으로 유명한 오토 폰 비스마르크(Otto von Bismarck)는 이런 말을 남겼다. "나라와 나라 관계에서 영원한 친구는 없다. 영원한 이익만 있을 뿐이다."(A country does not have permanent friends, only permanent interests.) 너무 무정하게 들릴 수 있지만 이것이 바로 진실이다. "진실"은 언제나 그렇듯 아무런 온기도 없는 얼음같이 차갑다.

2008년 미국 서브프라임 모기지론 위기는 신속하게 확산되어 제일 엄중한 금융위기로 번져 세계경제에 큰 타격을 주었다. 경제위기는 사나운 기세로 각국의 경제를 위험에 빠뜨렸고 소련이 해체된 후 형성된 "일초다강(一超多强)"의 세계 패턴을 위협하고 있다. 미국 국내 경제 형세는 심각하여 미국의 초대강국 지위에 영향을 주고 있다. 유럽 여러 강국도 위기의 영향을 받아 유로존의 여러 나라는 채무위기에 처해있다. 미국과 유럽 열강들과 달리 신흥경제실체와 개발도상 경제실체는 안정적인 경제 발전 속도와 생기 가득한 경제 활력으로 세계경제 회복과 발전의 새로운 "원동력"이 되고 있다.

2011년 연말, 세계경제 순위에서 브라질은 처음으로 영국을 앞서 세계 제6위를 기록했다. 중국, 인도, 러시아, 남아프리카공화국 등 신흥경제실체의 경제 실력도 부단히 상승하고 있다. 2009년 러시아와 남아프리카공화국은 처음으로 영국과 캐나다를 제치고 세계 10위권에 진입했다. 2012년 인도는 세계 제10대 경제 실체로 성장했다.(표 5－1)

표 5－1 2012년 세계경제력 순위

순위	1	2	3	4	5	6	7	8	9	10
나라	미국	중국	일본	독일	프랑스	브라질	영국	이탈리아	러시아	인도

자료 출처: Centre for Economic and Business Research.

경제 실력과 국제 실력의 상승으로 신흥경제실체는 국제무대에서 더욱 큰 자신감을 얻게 되었다. 후 위기시대, 선진국과 개발도상국, 특히 신흥경제실체 간의 이익 분쟁, 권력 투쟁, 경제 결투, 동맹의 와해와 새로운 동맹의 형성 등 여러 가지 역사적으로 발생했던 "연극"이 멀지 않은 미래에 더 큰 무대에서 다시 한 번 연출될 것이며 글로벌 경제 거버넌스의 조정과 전환과정에서 양측은 적지 않은 입장 차이를 보여줄 것이다.

거버넌스 시스템: 입장을 바꿀 수 있는가?

규칙이 없으면 세계는 "에덴동산"이 아닌 암흑하고 혼란한 "중세기"가 된다. 글로벌 경제의 건전하고 안정적인 운행을 위해 국제 사회의 모든 성원국은 응당 관련 제도, 규칙과 행위규범을 제정하여 각 나라가 제정한 거시경제정책을 조절하고 공동으로 글로벌 범위의 경제 문제를 예방하고 처리해야 한다. 이와 같은 관련 정책, 규칙과 행위규범이 바로 "글로벌 경제 거버넌스 시스템"이다.

제2차 세계대전 후의 글로벌 경제 거버넌스 시스템은 서방의 선진국에서 건립하고 주도했기에 주도 측의 이익을 우선으로 하고 있다. 이런 거버넌스 시스템은 지금까지도 사용되고 있는데 주요하게 세계무역기구(WTO)가 대표하는 글로벌 무역 거버넌스 시스템, 국제통화기금(IMF)과 세계은행(WB)이 대표하는 글로벌 금융 거버넌스 시스템과 글로벌 경제 문제를 해결하기 위해 형성된 서방선진국가 정상들의 정기회담 시스템 등이 있다. 20세기 70년대 중기에 위글 해결하고 서방경제 발전을 회복하기 위해 형성된 7개국 정상들의 정기회담인 G7정상회담이 대표적이다. 이와 같은 글로벌 거버넌스 시스템에서 수많은 개발도상국은 선진국이 정한 규칙에 따라 행동해야 했으며 때론 부득불 이런 규칙에 따라 그들의 국가 이익을 양보해야 했다.

제2차 세계 대전부터 지금까지 글로벌 자원의 흐름과 글로벌 경제 생산의 흐름을 장악한 국가는 세계경제의 주도권을 장악하였다. 또한 이런 국가만이 진정으로 강대한 국가로 인정 되었다. 제2차 세계대전 이후 오랜 기간 동안 오직 미국이나 유럽 등 서방 선진국에서만 강국이라는 타이틀을 가졌다.

20세기 70년대, 미국은 달러와 석유의 힘으로 석유 자원의 흐름을 장악했으며 미국을 위주로 하는 서방 선진국은 선진적인 금융시장의 힘으로 식량, 광산자원 등 민생에 관련된 중요한 기초 상품의 시장 가격과 시장 흐름을 통제했다.

석유 가격 제정 시스템을 보면 20세기 70년대 제1차 석유위기가 일어나기 전, 석유가격 제정권은 서방의 "석유 7자매"의 수중에 있었고 그 후에는 석유수출국조직인 OPEC가 장악했다. 뉴욕과 런던 두 개 선물시장 가격이 국제 석유 가격 제정에서 주요한 작용을 하게 되면서 석유 가격 제정권은 다시 뉴욕의 월가와 런던의 스퀘어 마일로 넘어갔고 일부 금융기구와 영국과 미국의 석유회사가 국제석유의 가격 제정권을 가지게 되었다.

제2차 세계대전이후 미국은 예비 인재대책으로 유학생들을 받아들이기 시작했다. 미국이 이민법을 부단히 수정하게 되면서 수많은 외국 인재들이 미국으로 향했다. 이외에도 미국은 장학금을 제공하는 방법으로 여러 나라 우수한 학생들을 불러들였다. 미국의 국민교육투자액은 매년 수백억 달러씩 증가한다. 하버드대학, 프린스턴대학교와 같은 세계 유명 대학은 높은 학자금, 장학금과 특혜 대출로 외국 유학생들의 선택을 받았다. 미국의 유학생 수는 세계 전체 유학생의 1/3을 차지한다. 그중 25%의 외국 유학생은 미국에 정착하여 생활을 하게 되는데 이들은 미국 국가 인재 데이터베이스에 등록된다. 미국 국립 과학원 회원의 22%는 이민 회원이다. 미국적 노벨상 수상자 중 35% 수상자는 해외에서 출생한 미국인이다. 21세기 미국은 그들의 강력한 국가 실력으로 세계 범위에서 고급인재와 자금의 흐름을 결정하고 있으며 첨단 상품 시장의 미래 발전 방향을 장악함으로써 미래 생산력 발전 추이를 결정하고 있다. 미국 인재 정책은 큰 성과를 거두었다. 2009년까지 전 세계에는 796명의 노벨상 수상자가 있는데 그중 미국 국적을 가진 수상자는 315명으로 39.57%를 차지했다.

전략적 의미가 있는 상품의 가격 결정권을 장악하고 인재와 자금의 흐름을 통제하면서 선진국은 세계경제 규칙의 제정권도 가지게 되었다. 그들은 국제 경제 경쟁의 유리한 "고지"를 점령하여 변화무쌍한 경제 형세에서 확고부동한 주도권을 가졌다. 제2차 세계대전 이후 건립된 글로벌 경제 거버넌스 시스템이 바로 서방 선진국이 "게임 규칙"을 제정하는 무대이다. 시간이 흐름에 따라 세계 패턴도 변화하고 있다. 개발도상국도 부단히 발전하고 있다. 특히 이번 미국의 서브프라임 모기지론 위기로 인한 경제위기가 발생한 후 서방 선진국의 역량은 적지 않게 감소되었다. 반면 브릭스를 대표로 한 신흥경제실체의 급속한 발전으로 선진국의 역량을 제약하는 능력을 가지게 되어 개발도상국도 국제무대에서 자신의 이익을 쟁취할 조건을 마련했다.

글로벌 경제 위기의 검은 그림자는 아직 완전히 가시지 않았다. 개발도상국은 불합리한 국제 경제 질서를 개변해야 된다고 호소하기 시작했다. 세계 패턴이 새로운 변화를 가져오고 있는 상황에서 기존 글로벌 경제 거버넌스 시스템의 단점은 하나 둘씩 나타나기 시작했다. 글로벌 경제 거버넌스 시스템의 개혁은 불가피한 상황에 이르렀다. 글로벌 경제 거버넌스의 "새로운 시스템"이 당장 나타날 듯하다.

무역 시스템: "방어벽"이 필요한가?

국제무역이 나타나면서 인류의 생활은 철저히 변했다.

구라파와 아시아를 이어 놓는 "실크로드"는 중국의 명주실, 비단, 능라, 주단, 견직 등 중국의 특산물을 중앙아시아와 유럽 여러 나라로 운송했다. "실크로드"는 3대 문명 고국인 고대 중국, 고대 인도, 고대 그리스를 이어 놓는 역할을 했다. 지중해로부터 유럽으로 운송된 각양각색의 향신료는 현지인들의 미각을 자극했으며 유럽인들이 오스만제국의 방해도 무릅쓰고 새로운 향신료 운수노선을 개척하게 했다.

근대 국제 무역의 발전과 더불어 세계 각국은 서로 연락을 주고받으며 물건을 교환하면서 무역의 효율을 높이고 있다. 국제 무역을 통해 실현되는 낮은 상품 가격과 서비스는 더 많은 사람들에게 혜택으로 돌아갔다. 기차, 비행기, 고속철도 등 새로운 교통도구, 전화, 전보, 컴퓨터, 위성, 광케이블, 인터넷 등 새로운 통신수단은 사람과 사람간의 물리적 거리를 좁혀 노동, 자본, 기술 등 생산 요소가 진정한 글로벌 유동과 세계 범위에서의 자원 배치가 가능하게 했다. 토머스 프리드먼의 "세계는 평평하다!"라는 말이 하나도 틀림없다.

세계 공업혁명의 발원지이자 세계 전통 제조업 대국인 영국의 국내 제조업이 영국 경제 중의 점유율은 근 30년간 매년 하락하고 있다. 일부 제조업은 영국에서 사라졌다. 스토크 온 트렌트는 영국의 저명한 도자기 도시로 비싼 골회자기(bone china) 생산으로 유명하다. 하지만 도시에는 허름해진 낡은 공장만 남아 있고 골회자기 그림자도 찾아 볼 수 없다. 도자기 제조업 상황은 영국 제조업의 축소판이다. 근 30년간 영국 제조업의 약세로 400만 개 일자리가 줄어들었다. 영국의 제조업이 실제로 "몰락"했는가? 물론 그렇지 않다. 영국은 글로벌 가치 사슬에서 저급 제조업을 중국, 인도, 브라질 등 신흥경제실체와 개발도상국으로 옮겨 현지의 저가 노동력을 이용했다. 동시에 영국은 그들의 제조업 경쟁력 중심을 지식과 기술 등 산업사슬의 고급 부분에 두어 그들의 우세가 높은 단계에서 유지되게 했다. 영국의 기계설비와 정밀식품제조업은 근년에 신속하게 발전하여 원래 영국의 우세 산업인 에너지원과 저탄소생산 기술을 대체해 지금의 우세 산업이 되었다.

이런 상황에서 선진국과 개발도상국 간의 관계도 조용히 변하고 있다. 제2차 세계대전 이후 세계무역 발전을 방해하는 보호벽이 많아 낮아 졌기에 이런 변화가 가능했다.

20세기 상반기에 발생한 두 차례의 세계 대전은 세계경제 발전의 화폐 금융관계와 무역 관계를 혼란시켰다. 전쟁을 거쳐 여러 나라들은 전통적인 고립주의와 보호주의의 경제 정책은 세계경제의 새로운 미래를 열어 나갈 수 없으며 오직 나라와 나라사이의 경제 협력을 통해야만 세계경제가 다시 번영할 수 있다는 점을 인식했다.

세계무역기구(즉 원 관세와 무역 일반협정)는 국제적인 무역 거버넌스 시스템으로 세계 각국에 담판과 무역 분쟁을 해결할 수 있는 플랫폼을 제공했다. 세계무역기구 회원국은 공동으로 국제 무역 분쟁을 조정하고 해결하면서 무역 방어벽을 낮추기 위해 노력했으며 이를 통해 양자 혹은 다자간 윈윈의 목표를 완성했다.

중국은 자유무역의 수혜국이며 충실한 지지국이다. 1998년 아시아 금융위기 이후 유럽과 미국 등 선진국가가 산업을 옮기기 시작했다. 중국으로 향하는 산업 이전은 중국을 글로벌 제조업의 중요 기지로 만들었으며 중국에 "세계 공장"이라는 타이틀을 가져다 주었다. 중국의 주장삼각주 지역과 창장삼각주 지역에는 수만 개에 달하는 제조 공장이 있다.

중국은 미국과 유럽 각국에서 온 주문을 받아 생산을 진행하면서 약 1.2억 명의 농민 노동자들의 일자리를 해결했다. 중국은 경제성장 기적을 창조했다.

"중국 제조"는 중국의 제2대 무역 파트너인 미국의 기업에 거대한 이윤을 가져다주었을 뿐만 아니라 미국의 소비자들에게 저렴한 상품을 제공했다. 미국에서 "중국 산" 복장과 신발, 가전 전기 제품과 일상용품을 어디서든지 찾을 수 있다. 중국 상품을 거부하면 생활이 힘들어질 수 있다. 만약 미국에서 중국 상품을 수입하지 않으면 비국 소비자들은 매년 700억 달러를 더 소비하게 된다.

지금 글로벌 무역 거버넌스 시스템과 연관된 국제 무역 총액은 세계 무역 총액의 90%를 차지한다. 선진국 체약국의 평균관세는 1948년의 36%에서 20세기 80년대의 4.5%로 내려갔다. 동일시기 개발도상국 체약국의 평균 관세는 13%로 내려갔다. 1950년—2009년 사이 세계 농산물 무역량은 연평균 3.5%증가 했고 연료와 광산품의 무역량은 연평균 4.5%증가 했으며 완제품 무역량은 연평균 7.1% 증가했다.(표 5—2)

표 5—2 1950—2009년 세계 주요 상품 무역량의 연평균 증가율(%)

	농상품	연료와 광산품	완제품
1950—1973년	4.3	7.4	9.8
1973—1990년	2.4	0.5	5.5
1990—2009년	3.6	3.0	5.4
1950—2009년	3.5	4.0	7.1

자료 출처: 세계 무역기구 공식 사이트.

글로벌 금융 위기가 일어난 후 무역보호주의가 나타나기 시작했다. 2012년 5월 세계무역기구(WTO), 경제협력개발기구(OECD), 국제연합 무역개발회의(UNCTAD)는 연합으로 7번째 『주요 20개국 무역과 투자 조치 감독 보고』를 발표하여 2008년 10월 이후 유효한 무역 제한 조치는 이미 각각 글로벌 화물 무역의 3%와 G20개국 무역액의 4%를 차지했다. 금융위기 이후 G20개국에서 시행하고 있는 802가지 제한 항목 중 취소 된 항목은 겨우 18%뿐이다.

미국경제전략연구소 소장인 Clyde Prestowitz는 지금 글로벌화의 세계 에는 두 가지 완전히 다른 게임 법칙이 있는데 하나는 세계무역기구의 정식 규칙이고 다른 하나는 일부 국가들이 말없이 진행하고 있는 상업 주의 규칙이라고 했다. 일부 국가들은 WTO의 부분적인 규칙의 의미가 명확하지 않은 점을 이용하거나 WTO의 규칙을 무시하는 행동을 보이고 있다. 이런 일 처리 방법을 일부 사람들은 "무역 보호주의"라 하고 "방어 성 조치"라고 하는 사람도 있다. 이런 상황에서 세계무역기구에 의거하 여 실행되는 글로벌 무역 거버넌스 시스템을 조정할 필요가 있다. 이런 개변은 주요하게 융통성이 없고, 명확하지 않은 현행의 법률 조항의 변 화가 주요 내용이여야 하며 두 가지 "게임 규칙" 서로 충돌되는 상황을 개변하여 명확한 표준을 만드는 것이다. 이런 명확한 표준을 통해 WTO 회원국과 국제 무역 참여자들이 진정으로 공정하고 합리한 규칙이 규정 한 틀 안에서 분쟁을 해결하여 진정한 "자유무역"을 실현해야 한다.

금융시스템: '보스'를 믿는가?

미국의 서브프라임 모기지론 위기는 국제 금융 체제와 글로벌 경제 거버넌스 구조에 큰 타격을 주었으며 글로벌 실체 경제를 흔들어 놓았다. 이런 현상은 글로벌 금융 거버넌스 시스템에 여러 가지 폐단이 있음을 설명해 준다.

이런 문제가 나타나게 된 주요 원인은 미국의 독점, 독대와 날로 다원화 되어가고 있는 국제 경제, 그리고 경제 금융의 글로벌화 발전 추세가 서로 적응하지 못한데 있다. 이런 상황에서 미국은 대규모 금융활동에 존재하는 리스크와 도전을 대처할 자원이 부족했으며 효과적인 방법도 결핍했다. 지금의 글로벌 금융 거버넌스 시스템은 제2차 세계대전 이후에 형성되었다. 국제통화기금(IMF)과 세계은행(WBG)가 이 시스템의 주요 집행기구이다. 세계무역기구도 마찬가지로 미국과 유럽의 소수 선진국이 주도하고 있다. 이런 선진국은 거버넌스 시스템을 자유경제이론과 가치관을 실현하는 도구로 이용했으며 그들의 이익을 대변하는 시스템으로 만들었다. 세계은행 설립 60여 년간 세계은행의 행장은 줄곧 미국인이었고 국제통화기금 총재 대부분은 유럽인이었다. 이 "전통"은 이 두 개 기구가 "탄생"해서부터 한 번도 변한 적이 없었다.(표 5−3)

과도로 집중된 지금의 국제통화기금과 세계은행 표결권은 글로벌 금융 거버넌스 시스템의 '불공평'을 그대로 말해주고 있다. 국제통화기금 성원국은 투표로 글로벌 금융위기 문제를 토론하고 해결한다. 때문에 표결권은 IMF 글로벌 금융위기를 처리하는 기초이다.

규정에 의해 IMF 표결권은 '기본 표결권'과 '가중표결권'이 있다. 기본표결권은 모든 회원국이 가지고 있는 고정적인 표결권으로 가난한 국구나 부유한 국가, 강국이나 약국 모두 가지고 있는 표결권으로 주권평등 원칙을 의미한다. 가중표결권은 주식회사 형식으로 국제통화기금에 대한 공헌이 큰 회원국은 비중이 큰 표결권을 가지는 것으로 글로벌 경제 사무에서 더 큰 자용을 하게 된다.

표 5—3 IMF "주인장" 명부: IMF 역대 총재

임기	이름	국적
1946년 5월 6일—1951년 5월 6일	Camille Gutt	벨기에
1951년 8월 3일—1956년 10월 3일	Ivar Rooth	스위스
1956년 11월 21일—1963년 5월 5일	Per Jacobsson	스위스
1963년 9월 1일—1973년 9월 1일	Pierre-Paul Schweitzer	프랑스
1973년 9월 1일—1978년 6월 17일	H. Johannes Witteveen	네덜란드
1978년 6월 17일—1987년 1월 16일	Jacques de Larosiere	프랑스
1987년 1월 16일—2000년 2월 14일	Michel Camdessus	프랑스
2000년 5월 1일—2004년 3월 4일	Horst Koehler	독일
2004년 3월 4일—2004년 5월 4일	Anne O. Kruege	미국
2004년 5월 4일—2007년 11월 1일	Rodrigo de Rato y Figaredo	스페인
2007년 11월 1일—2011년 5월 19일	Dominique Strauss Kahn	프랑스
2011년 6월 28일—현재	Christine Lagarde	프랑스

통계에 따르면 1958년부터 2007년까지 68개였던 국제통화기금 회원국
은 184개국으로 증가하였지만 표결권의 비율은 15.6%에서 2.1%로 줄
어들었다. 그중 대다수 개발도상국 회원국의 표결권은 국제통화기금의
44%만 차지하였고 소수의 선진국의 표결권은 절반을 넘어 56%를 차지
했다.(그중 많은 표결권을 가진 나라 순서로는 미국 16.77%, 일본 7.85%,
독일 4.8%, 프랑스 4.30%, 영국 4.30%이다.)

IMF규정에 따라 특별 사안이 아닐 경우 IMF의 모든 결의는 반드시 반
수이상의 지지를 얻어야만 통과하게 된다. 중대한 결의는 85% 이상의

지지율이 필요하다. 이는 기본표결권과 가중표결권의 엄중한 불균형을 가져왔다. IMF에서 슈퍼권력을 가지고 있는 미국은 중대 결의 거부권을 가지고 있기에 "일국일표(一國一票)"의 조권 평등 원칙은 "달러" 앞에서 별 소용이 없다. 표결권이 과도하게 집중되었기에 소수 선진국은 글로벌 금융 거버넌스 결의에서 절대 표결권을 가지게 되었다. 이는 시장실패를 바로잡아 주고 보완해주는 글로벌 공공 기능의 작용과 어긋나 세계경제의 무질서 상태와 엄중한 불균형 상태를 초래했다. 이는 글로벌 경제 발전의 불균형은 각국의 심한 빈부 격차로 나타나고 국제통화시스템의 무질서로 표현된다. 환율시스템은 세계적인 제도가 부족하고 본원통화 사시의 환율이 크게 변화하고 있어 국제 자본은 무질서한 흐름을 보이고 있으며 금융자본은 실체경제와 다르게 자체 순환을 하고 있기에 국제 금융시스템의 리스크를 증가시켜주었다. 국제금융시스템과 글로벌 금융 거버넌스 시스템의 개혁은 불가피한 상황이다.

G20은 국제경제협력 포럼이다. 또한 국제 경제 협력 업무를 협상하기 위한 회담이다. 1999년 9월 25일 베를린에서 성립된 G20 정상회담은 프레튼우즈체제의 비공식대화 체제이다. G20은 G8과 11개 주요 신흥공업 국가 및 유럽연합국가로 이루어졌다. 지금 G20은 선진국과 개발도상국이 글로벌 경제 거버넌스 혁신을 협상하는 자리가 되었다.

펜실베니아주의 비츠버그는 원래 미국의 공업도시였다. 2009년 9월 24일부터 25일까지 두 날 동안 G20회의가 비츠버그에서 진행되었다. 이번 정상회담을 통해 글로벌 경제 거버넌스는 큰 발전을 가져왔다. 각 참여국은 서로 간의 협력을 강화하고 국제 금융시스템이 필요한 개혁을 진행하며 특히 국제통화기금의 금융 감독 기능을 강화하는 등 내용을 합의했다. 구체적으로 말하면 국제통화기금에서 신흥시장과 개발도상국의 지분을 최저 5% 향상시키고 세계은행에서의 개발도상국과 전형경제 실체의 표결권을 최저 3% 향상시켜 개발도상국의 대표성과 발언권을 제고하기로 했다. 글로벌 금융 거버넌스 개혁에서 개발도상국의 부단한 노력으로 2010년에 결실을 맺었다. 2010년 11월 5일 국제통화기금(IMF)는 성립 65년 역사상 제일 중대한 거버넌스 개혁 방안을 통과했다. 이 개혁방안에 따라 IMF의 지분을 3.72% 가지고 있던 개발도상국 대표인 중국의 지분은 6.39%로 증가했고 표결권도 3.65%에서 6.07%로 상승해 독일, 프랑스, 영국을 제치고 미국과 일본의 뒤를 이었다. IMF의 이번 개혁이 완성되면 미국, 일본, 브릭스(중국, 인도, 브라질, 러시아)와 독일, 프랑스, 영국, 이탈리아는 IMF의 10대 경제 실체가 되었다. 이 개혁에 따라 신흥시장국과 개발도상국은 최대의 지분을 양도받아 신흥경제 실체와 개발도상국의 금후 국제금융시스템과 글로벌 경제 거버넌스 체제 개혁에서 더욱 큰 주도권과 발언권을 가졌다.

비록 글로벌 금융 거버넌스 시스템의 개혁이 큰 진척을 가져왔지만 IMF 기존의 패턴은 근본적인 변화를 가져오지 않았다. 여전히 미국은 절대적인 거부권이 있어 주도권을 가지고 있다. IMF의 개혁은 힘들고 장기적인 과정이다. 글로벌 금융 거버넌스 체제 개혁의 책임은 무겁고 장기적이고 험난한 과정이다!

제2차 세계대전 이후, 미국과 유럽 등 주요 선진국은 국제통화기금, 세계은행과 세계무역기구 등 기구를 설립하여 무역정책, 환율정책, 화폐정책과 재정 정책 등 방면의 업무를 조율하고 정기적인 정상회담의 방식으로 정책 조율하여 각 측 이익의 균형점을 모색했다. 이것이 서방 7개국 정상회의인 G7(1997년 러시아의 참여로 G7은 G8 즉, 8개국 정상회담이 되었다.)이다. 개발도상국의 세력이 부단히 향상되면서 미국과 유럽 선진국이 국제 거시경제정책을 조율하는 시스템은 위협하고 있다. 개발도상국의 세력은 아직 큰 역량이 아니지만 영향을 미치고 있다. 특히 이번 국제금융위기 이후 신흥경제실체는 세계경제를 진흥시키는 과정에서 중요한 역할을 했다. 이제 개발도상국은 거시적인 경제 정책 조절과 글로벌 경제 거버넌스 과정에서 다시는 있으나마나한 변수가 아니다. 선진국과 주요 개발도상국이 공동으로 경제 주요업무를 협상하는 플랫폼을 요구하는 개발도상국의 염원에 따라 G20 정상회담이 형성되었다. 이는 브릭스 국가 정상회담, 동아시아 정상회담 등 시스템과 같은 플랫폼으로 더욱 공정하고 합리적인 국제 정치 경제의 새 질서 형성에 주요한 역할을 한다.

20개국 집단(G20)은 선진 8개국 집단(G8)에 11개 신흥공업국가와 유럽연합으로 구성되었다. G8은 미국, 일본, 독일, 프랑스, 영국, 이탈리아, 캐나다와 러시아가 포함되면 11개 중요 신흥공업국에는 중국, 아르헨티나, 오스트레일리아, 브라질, 인도, 인도네시아, 멕시코, 사우디아라비아, 남아프리카, 한국과 터키가 포함된다. G20의 국민생산총액은 세계 총액의85%를 차지하고 있다. 미국, 일본, 영국, 독일, 프랑스, 이탈리아, 캐나다, 러시아 8개국의 국민생산총액은 세계 국민생산총액의 60%이상을 차지했다. 때문에 이 8개국은 20개국 집단에서도 여전히 주도 작용을 하고 있다. 2012년 6월까지 G20은 이미 7차례 정상회담을 가졌다.(표 5-4) 역대 정상회담은 모두 금융위기, 세계 금융 체제 개혁과 국제통화기금 개혁, 보호주의 저지, 국제금융 감독 강화 등 글로벌 경제 거버넌스 문제에 관하여 깊이 있는 토론을 진행하여 합의를 이뤄냈다. 이 과정에 신흥공업화국가와 개발도상국의 요구가 더욱 많이 반영되고 있다. 신흥공업화국가와 개발도상국은 더욱 공정하고 합리화된 국제 정치 경제 새 질서에 건립과 시대의 요구를 정확하게 반영하는 글로벌 경제 거버넌스 시스템의 구축에 중대하고 깊은 영향을 미치고 있다.

표 5-4 20개국 집단 역대 정상회담

차례	시간 및 지점	내용
제1차 정상회의	2008.11.15. 미국 워싱턴	회의에서는 글로벌금융과 경제 문제를 토론했다. 회의에서 발표한 선언에서는 세계경제와 국제금융시장이 험난한 도전에 직면한 지금 회의 참가국은 협력을 강화하여 글로벌 경제성장을 위해 노력하며 세계 금융 체제의 필요한 개혁을 실현할 것이라고 했다. 회의는 건설적인 성과를 얻었다. 국제사회의 협력을 강화하고 공동으로 경세 성장을 위해 금융과 경제 개혁 실행 계획을 제정하여 금융위기를 이겨내기로 했다. 또한 유사 위기의 재발을 막기 위해 세계 금융 체제를 개혁할 것을 소호했다.
제2차 정상회의	2009.4.1-4.2 영국	회의에 참가한 각국 정상들은 국제통화기금의 증자와 금융 감독 강화 등 면에서 서로 협력하여 금융경제위기 대처 관련 여러 조항에서 합의를 이루어 냈다. 회의가 끝난 후의 성명에서 보호주의를 저지할 것을 거듭 강조했다. 회의에 참가한 각국 적상들은 일제히 국제단기자본을 금융 감독 범위에 포함시키기로 했다.
제3차 정상회의	2009.9.24-9.25 미국 비츠버그	이번 회의에서는 주요하게 세계경제 회복과 국제 금융 체제 개혁 문제를 토론했다. 국제통화기금의 거버넌스 구조 개혁은 회의의 주요 성과이다. 회의 결의에 따라 선진국은 부분 지분을 개발도상국에 넘겨주어 개발도상국의 지분이 43%에서 48%로 증가했다. 회의에서 발표한 『정상 성명(Leaders statement)』에는 20개국 집단 정상들이 국제통화기금에서의 신흥시장과 개발도상국에 최저 5%의 지분을 양도하여 세계은행에서의 개발도상국과 전형경제실체 표결권을 최저 3%증가하기로 결정했다. 20개국 집단은 "국제 경제협력의 주요 포럼"이 되었다. 20개국 정상회의도 더욱 체계화되어 2011년부터 매년 한 번씩 진행하기로 결정했다.
제4차 정상회의	2010.6.25-6.27 캐나다 토론도	토론토 정상회의에서는 성장이 주선율이었다. "강력하고 지속가능한 평화적인 성장"이라는 프레임을 준수하고 이에 맞추어 실행하며 금융 감독 개혁 등 주요 일정을 제정하고 선진국의 재정 적자 감소 및 국제금융기구 거버넌스 개혁, 무역보호주의 반대 등 문제의 시간표를 작성하였으며 20개국 집단의 주요 임무는 경제를 보호하고 경제 회복을 강화하는 것이라고 강조했다. 회의에서는 다음 목표는 세계경제의 강력하고 지속가능한 평화적인 성장을 이끄는 것이라고 했다.

제5차 정상회의	2010.11.11.- 11.12 한국 서울	이번 회의의 주요 의제는 환율, 글로벌금융안전시스템, 국제금융기구 개혁과 발전이다. 4가지 주요 의제 중 사람들이 제일 관심하는 의제는 10월의 20개국 집단 재무장관과 중앙은행 행장 경주회의에서 합의한 환율분쟁과 국제통화기금의 지분개혁의 진행 상황이었다.
제6차 정상회의	2011.11.3. 프랑스 칸	세계경제 형세, "강력하고 지속가능한 평화 성장 프레임", 중대하고 긴박한 경제 금융 위기, 국제통화시스템 개혁, 원자재 상품가격, 글로벌 거버넌스 및 무역, 발전과 금융 감독 등 문제를 토론했다. 참여국은 모두 상호 협력을 약속했으며 경제를 성장시키고 취업률을 높이며 금융의 안정을 확보하고 사회 포용력을 높여 인류의 수요를 위한 글로벌 경제 환경 마련을 위해 노력하기로 했다. 회의에서 통과한 『성장과 취업 행동계획』에는 20개국 집단 회원국은 단기간 내에는 경제의 취약성 문제를 해결하기 위해 금융의 안정을 회복하며 중기에는 경제성장 기초를 튼튼히 할 것이라고 했다. 모든 20개국 집단 회원국은 구조 개혁을 추진하여 경제성장 잠재력을 찾아 일자리를 늘이고 여러 나라와 국제금융 체제의 안정을 강화하며 무역과 투자의 자유화를 선도할 것이라고 했다. 칸 정상회담에서 3가지 합의를 보았다. 1. 국제통화기금의 작용이 충분히 발휘되려면 충족한 자금이 필요하기에 예전에 합의를 본 국제통화기금의 자금을 충족시키는 기초에서 새로 자금을 추가 증가한다. 2. 모든 방법을 강구하여 경제성장을 촉진한다. 3. 사회보장시스템을 강화하는 것은 경제성장에 유리하다. 20개국 회원국 특히 신흥시장국가에서 사회보장 시스템을 구축하고 건전히 할 것을 승낙했다.
제7차 정상회의	2012.6.18.-6.19 멕시코 로스카보스	이번 정상회의에서는 세계경제 형세, 국제금융체제 및 발전, 무역, 취업 등 문제를 중점적으로 토론했다. 회의에 참가한 각국 정상들은 국제사회는 응당 세계경제의 강력하고 지속가능한 균형적인 발전을 위해 협력해야 한다고 입을 모았다. 20개국 집단은 『로스타보스 성장과 취업 행동계획』을 통과하여 세계경제성장에 유리하고 금융 안정을 유지하며 일자리 창출의 목표 실현을 위해 노력할 것이라고 했다.

　새롭게 변화하는 세계의 경제패턴은 기존 글로벌 거시경제 정책협력시스템의 적절한 조정을 요구하고 있다. 개발도상국 특히 신흥경제의 실체는 G20, UN 등 지금의 다자협력 체제가 작용을 발휘할 것을 희망하면서 개발도상국 사이, 개발도상국과 선진국 사이의 협력과 상호관계에 대한 처리를 강조하여 개발도상국의 발언권과 대표성을 강화함으로써

더욱 공정한 국제 금융프레임과 글로벌 경제 거버넌스 시스템을 구축하여, 세계경제의 장기적이고 지속가능한, 그리고 안정적이며 건전한 발전을 보장해야 한다고 강조하고 있다.

거버넌스 과정에서의 승부: 중미의 '사(舍)'와 '득(得)'

10년이라는 시간은 눈 깜짝할 사이에 지나갔다. 21세기의 종소리가 아직도 귓가에 맴도는 지금 눈앞의 현실은 금융위기가 휩쓸고 지나간 엉망진창의 경제상황이다. 금융위기의 '여진'에서 벗어나지 못한 세계 각국의 모습은 처량하기만 하다. 이런 세계경제는 패턴 조정이라는 임무를 완성해야 한다. 이번 조정에서 세계는 유독 미국과 중국의 행동을 주시하고 있다. 하나는 지금 갓 떠오르는 경제 발전의 샛별이고 다른 하나는 실력파의 경제 강국이다. 이 두 나라의 접전 결과는 세간의 관심을 모으고 있다.

미국: 여전한 선두주자

2012년 미국경제 회복세는 여전히 미미했는데 주로 다음 4가지 원인에서 연유되었다.

1. 미국정부의 경제 활성화 방법이 거의 다 동원된 상황에서 QE3의 발표가 지연되고 있다. 미국정부의 경제 활성화 정책의 효과가 기대에 못 미치고, 이미 발표한 경제 활성화 정책인 수출 장려전략, 일자리 창출정책, 미국기업 지지정책도 큰 효과를 가져 오지 못했다.

2. 미국 국내의 실업률은 날로 늘어나고 저축도 증가하고 있다. 그렇기 때문에 미국 국민들의 소비지출은 크게 줄어들었다. 이런 상황에서 국민들의 소비가 경제성장에 큰 도움을 주지 못하고 있다.

3. 미국 부동산시장의 침체. 이런 침체는 제조업의 발전에 부정적인 영향을 미치고 있어 미국경제의 발전에 역효과적인 영향을 주고 있다.

4. 유럽의 부채위기는 더 큰 지역으로 확산되고 있다. 이는 국제금융시장을 불안하게 했고, 투자자들의 신심을 크게 약화시켜 미국 증시도 큰 영향을 받았다.

지금 미국경제의 성장속도를 약화시키는 요소들은 계속해서 장기적으로 영향을 미칠 것으로 보인다. 단기간 내에 미국경제의 주기성 회복 추세는 원상태를 회복하기 어렵고, 경제성장의 속도도 한계를 보이고 있다. 미국 연방준비제도이사회는 향후 2년 동안 완화적인 통화정책을 실시할 것이라고 했다. 이런 미국의 행보는 통화정책 외에 미국은 기타 효과적인 정책으로 단기간에 경제발전의 활력을 회복시키기 어렵다는 사실을 말해준다.

정부의 예산 배분과 새로운 경제 활성화 방안이 연속 큰 효과가 없는 상황에서 2011년 9월 미국 오바마 대통령은 부자들에게서 더 많은 세금을 징수할 '퍼핏 세' 실행을 건의했다. 이 건의에 따르면 연수입이 100만 달러를 초과한 부호들의 세금은 중산계층보다 많아야 한다고 규정했다.

비록 미국경제가 자신의 구조적 문제, 부채위기 등 여러 가지 난관에 부딪쳐 미국경제가 계속 하락할 것이라고 예측하고는 있지만, 세계경제에서 미국이 선두주자 역할은 여전히 변함이 없을 것이다.

2011년 중국은 세계경제의 9.98%를 차지했고, 일본은 8.36%, 독일은 5.18%을 차지했으며, 미국은 21.51%를 차지했다. 비록 미국의 점유율이 2009년의 24.6%보다 낮아지기는 했지만, 여전히 기타 국가들보다 현저히 높은 건 사실이다. "미국이 재채기하면 세계가 감기에 걸린다"는 말이 있는데, 이는 지금 세계경제에서 미국의 위치를 형상적으로 설명해 주고 있다. 수십만 호의 미국 가정이 주택대출을 제대로 갚지 못해 집을 잃게 되면서 시작된 5년 전의 "서브프라임 모기지론 위기"는 세계경제의 저성장을 초래하였다. 이처럼 미국경제의 흥망성쇠는 세계경제에 큰 영향을 주고 있는 것이다.

앞에서 언급한 바와 같이, 전 세계 70억 인구 중 중국과 인도의 인구는 25억에 달하지만, 소비 총액은 겨우 6조 달러(중국은 13억 인구에 3조 정도의 달러를 소비하고 있다.)이다. 반면 미국은 비록 3억의 인구를 가지고 있지만, 소비액은 11억 달러가 넘는다. 이와 같은 수치로부터 미국이 세계경제 발전에서 미치는 영향을 알 수 있다. 소비를 늘이는 방법은 눈앞의 문제를 해결할 뿐 장기적인 효과를 가져 올 수가 없다. 그렇기 때문에 생산과 혁신이야말로 세계경제의 지속적인 성장을 가져올 수 있는 효과적인 방법이라고 하는 것이다.

미국의 혁신시스템에서 제일 뚜렷한 특징은, 기업이 기술혁신과 산업화의 주체가 되고 있다는 점이다. 본부가 미국 오리건 주에 있는 나이키 회사는 세계에서 유명한 스포츠 브랜드회사이다. 1990년대 나이키회사의 연매출액은 100여 억 달러로 절대적으로 세계의 앞줄을 차지하고 있다. 나이키의 다양한 디자인과 고품질에 사람들은 열광하고 있다. 혁신의 정신을 이어나가면서 나이키는 air와 shox 계열의 에어 스니커즈 스포츠 신발을 출시했으며, 맨발로 장거리 달리기를 하는 아프리카 운동

선수에게서 영감을 얻어 두 개의 넓은 띠로 전통적인 신발 끈을 대체한 새로운 Free계열의 스포츠 신발을 선보였다. 나이키회사는 새 제품 개발에 힘썼을 뿐만 아니라 경영방침에 대한 개혁도 중시했다. 그들은 외부의 힘을 이용하는 가상화 전략을 실행했다.

나이키는 생산기지를 건설하지 않았고, 생산라인을 구축하지 않았다. 그들은 외부의 자원을 통합적으로 이용하여 외주를 주는 생산 공장에서 제품생산을 완성하고 있다. 이렇게 나이키는 저렴한 생산원가로 타 브랜드와 경쟁에서 우세를 차지하고 있는 것이다.

글로벌 금융위기가 발생한 후, 각 나라에서 제정한 혁신전략의 중심은 서로 다르다. 미국이 제정한 6가기 경제 활성화 전략산업은 새로운 에너지 자원개발을 주요산업으로 했으며, 유럽은 생명공학을 위주로 했고, 아시아태평양 신흥경제 실체의 주요 혁신산업은 정보산업이었다. 세계경제의 새로운 수요와 혁신(새로운 동력)은 아직 명확하지 않다. 하지만 미래의 혁신도 여전히 미국에 의존해야 한다.

새로운 에너지 자원은 인류가 향후 처음으로 큰 돌파구를 찾아야 할 분야가 되고, 제일 유망한 산업이 될 듯하다. 미래에 세계경제를 발전시킬 발명과 창조도 미국에서 먼저 나타날 확률이 높다. 중국은 여전히 대규모 생산기지가 될 것이다.

경제위기가 시작될 무렵 오바마 대통령은 미국의 권력을 이어 받았다. 경제위기를 극복하는 과정에서 오바마 정부는 새로운 에너지산업의 발전을 대폭 지원했다. 오바마가 정권을 잡은 후 부시정부의 에너지 정책을 바꾸어 향후 10년 동안에 대체에너지원 연구에 1,500억 달러를 투자하여, 50억 톤의 이산화탄소 배출을 줄이겠다고 했다. 새로운 법을 제정하여 2050년에 미국의 온실가스 배출량을 1990년의 20%로 줄이고, 친환경자동차의 세금을 낮추어 친환경자동차의 구매를 촉진케 할 것이라 했다. 분석에 따르면 새로운 과학기술의 성과는 미국의 석유와 천연가스 소비를 반으로 줄일 수 있고, 3/4의 전기사용을 줄일 수 있다고 한다. 새로운 에너지원 전략은 미국에 특별한 의미가 있다.

2011년 미국의 석유수입 의존도는 66%(중국은 56.5%)이다. 만약 새로운 에너지원 전략이 큰 진척을 가져온다면, 우선 미국의 석유수입 의존도를 크게 낮추어 줄 것이다. 오바마 정부는 향후 10년 내에 1,500억 달러를 친환경에너지원과 재생에너지 생산에 투자할 것이라고 했으며, 향후 10년 내에 지금 중동과 베네수엘라로부터 수입하는 총량에 맞먹는 석유소비량을 줄일 것이라고 했다. 다음으로 미국은 새로운 에너지원과 친환경기술의 발전을 도모하여 미국산업의 국제경쟁력을 높여 미국의 새로운 경제성장 주기를 이끌 것이라고 전망하고 있다. 제일 중요한 점은 미국이 새로운 에너지원 산업이 주도하는 여러 산업을 아우르는 새로운 기술혁명과 새로운 산업혁명 가운데서 먼저 친환경 에너지 분야의 관건적인 기술을 공략하며, 새로운 에너지원 산업의 글로벌 가치 사슬에서 지배적 위치를 차지하려고 하고 있다. 이런 과정을 통해 미국은 기타 국가가 미국의 기술에 의존하게 하게 하여 새로운 글로벌 경제발전에서 미국의 지도적 지위를 유지하려 하고 있다.

세계경제는 여전히 곤경에 처해 있고, 금융위기의 여파가 여전히 존재하고 있으며, 신흥경제 실체가 실력을 강화하여 '호시탐탐' 글로벌 거버넌스 개혁을 요구하는 상황에서 미국은 자신의 이익을 대표하는 새로운 세계경제의 규칙을 제정했다.

1. 국제금융시스템에서 미국의 주도적 지위 유지

경제주기의 침체에서 벗어나면서 미국은 "화폐발행 경제시대"에 들어섰다. 대량의 화폐 발행은 달러의 가치를 하락시켰고, 본국의 거액 부채 가치를 하락시켰기에 미국의 국제무역 적자는 줄어들고, 세계는 통화팽창(인플레이션)을 가져왔다. 이런 방법으로 미국은 달러를 주요 화폐로 하는 국제통화시스템과 미국 달러의 글로벌 화폐 타이틀을 고수하려고 한다.

1970년대의 석유위기는 세계적 범위의 유통공황을 가져왔다. 그 결과 세계 각국은 부득이하게 금본위 화폐제도를 포기하고 달러를 주요 화폐로 하는 국제본위화폐의 국제화폐시스템을 구축하게 되었다. 이렇게 미국은 다른 나라들을 '압도'하는 특수한 권리인 아무런 구속 없이 화폐를 발행할 수 있는 권리를 가졌다. 2007년의 서브프라임 모기지론 위기가 일어난 초기 미국의 국채총액은 8,9억 달러로 65%의 부채 율을 기록했고, 2011년 말에는 국채 총액이 14억 달러를 초과하였는데, 이는 거의 100%에 달하는 부채율이었다.

여기서 집고 넘어가야할 것은 미국의 화폐발행량과 미국 재정부에서 발행하는 정부국채는 직접관련이 있다는 점이다. 미국 연방준비제도 이사회에서 화폐발행을 책임지고 미국 재정부에서 정부국채를 발행한다. 연방준비제도이사회는 발행한 화폐(달러)로 미국 연방정부의 국채를 구매하고, 미국 재정부는 정부국채를 담보로 연방준비제도이사회에서 융자를 받아 재정지출에 사용한다. 이는 미국정부의 국채 량에 따라 미국 연방준비제도이사회는 기초화폐를 발행한다는 것을 말해준다. 국제준비통화인 달러가 아무런 규제가 없는 상황에서 과잉 발행하게 되면, 세계 유통량이 많아져 세계의 원재료와 일반상품 가격이 보편적으로 인상

된다. 이렇게 되면 글로벌 생산원가가 올라가 사람들의 생활수준이 떨어지게 되는 결과를 가져온다. 대다수 국가는 환율의 변화로 위험을 줄이고 있다. 그러나 환율의 변화가 크면 국제무역이 소극적이 된다는 점이 문제이다.

이 과정에서 미국은 일방적으로 달러를 초과 발행하여 '조화세'를 얻어갈 뿐만 아니라, 확장성 통화정책으로 본국의 수입상품 수요를 증가시켰다. 동시에 기타 국가 국민들의 복지에 손해를 주는 대가로 미국 국민들의 복지를 높이고 있는 것이다.(그림 5-1)

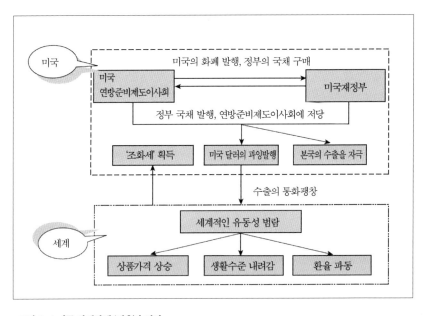

그림 5-1 미국 화폐발행 '배후'의 비밀

마찬가지로 국가의 이익으로부터 출발하여 미국은 자신의 국제금융시스템에서의 지위를 극력 보호하고 있다. 2010년 12월 국제통화기금 총재는 거버넌스와 지분개혁 방안을 통과시켰는데, 여기에는 6%의 지분을 경제 활력이 넘치는 신흥시장과 개발도상국으로 양도하는 "지분개혁 방안", 유럽 국가가 신흥시장과 개발도상국에 두 개 의석을 양보하는 이사회 개편안을 통과시켜 더욱 대표성을 띤 선거로 형성된 이사회를 개편하기로 한 "이사회 개혁방안"이 포함되었다. 위의 두 계획은 2012년 12월 세계은행과 국제통화기금 총회 전에 완성할 것이라고 했다. 이 개혁이 비록 통화기금 거버넌스 개혁의 전부는 아니지만 통화기금 개혁의 중요한 조치였던 것이다.

하지만 이 개혁의 결과는 별로 만족스럽지 않았다. 규정에 따르면 지분개혁안은 70% 이상 지분율의 동의를 얻어야만 유효했다. 하지만 2012년 6월 12일까지 지분 개혁안에 동의한 통화기금 회원국은 107개에 달했지만, IMF 지분은 겨우 66.84%였다. 이사회 개편안도 85%이상의 투표 지분의 동의를 얻어야 유효했지만,(통화기금의 규정에 따르면 중대한 결정은 85% 이상의 투표 지분 찬성이 있어야 한다.) 이 이사회 개편 안은 80개 회원국의 동의를 얻었으나 겨우 IMF 총 투표 지분의 55.06%를 차지했다. 여기서 미국의 투표 지분은 16%를 차지하는데 미국이 IMF 중대개혁의 거부권을 가지고 있다고 해도 과언이 아니다.

글로벌 금융 거버넌스 시스템 개혁에서 미국은 개혁을 동의하나 시스템 중에서 자신의 절대적인 주도권을 쥐는 지위를 확고하게 유지하려고 하고 있다. 미국은 미래에도 미국이 발행하는 달러를 세계 공공재산이 될 수 있도록 세계 각국이 지지를 하고 책임질 수 있는 시스템을 희망하고 있다.

2. 무역보호를 실시하여 본국의 경제를 활성화 시킨다.

이번 국제 금융위기 이후 미국의 정계, 학술계와 기업계 모두는 "제조업 부활" 문제에 관심을 두고 있다. 이는 미국이 자국의 산업구조와 경제발전의 패턴을 연구한 후에 얻은 결론이다. 미국정부는 "제조업 부활"을 통해 자국 경제를 활성화를 실현하려 하고 있다. "제조업 부활"을 통해 새로운 과학기술 경쟁과 산업경쟁의 핵심기술을 장악하는 한편, 국내 공장의 확대 재생산을 격려함으로서 낮은 취업률을 개선하여, 미국 산업구조의 고급화로 인한 "경제는 성장하고 있으나 취업률은 성장하지 않는" 어려운 상황을 극복하여 날로 심해지는 국내의 경제침체와 낮은 취업률 간의 사회적 모순을 완화시키려고 하고 있다.

"제조업 부활"과 산업구조의 조정계획에 따라 미국정부는 2009년부터 새로운 보호 무역을 시작했다. 2009년 초 경제가 쇠퇴하고 있는 상황에서 미국은 8,190억 달러의 경제 활성화 계획을 제기하였는데, 일부 구제자금은 오직 '미국산' 제품만 살 수 있도록 규정하였다. 이는 미국의 무역보호주의의 '서막'이라고 할 수 있다.

2010년 미국은 수입상품에 대한 관리를 강화하였다. 미국 대통령이 서명한 『식품안전 현대화 법안』으로 수입상품의 전반적인 생산과정이 식품안전 표준에 부합되어야 한다는 조항을 추가하여 수입식품에 대한 요구 기준을 높였다. 이와 동시에 미국정부는 텔레비전과 전등에도 에너지 소모 마크를 반드시 부착해야 된다는 등 여러 가지 에너지 소모표준과 인증마크에 관련된 요구 조건을 제정했다. 또한 미국은 무역법(반덤핑과 반보조금조사)의 실시 과정에서도 더욱 엄격한 태도를 보이고 있다. 미국은 중국을 새로운 무역보호주의 대상으로 지목했다. 중국은 미국의 제일 큰 대외무역 적자 발생국이다. 중미무역 마찰도 점차 심해지고 있다. 미국의 대중국 무역보호주의 강화는 경제적 원인 외에도, 2012년 대통령선거 관련 정치상의 이익문제에도 원인도 있다. 대통령 외에도 미국하원과 1/3의 상원위원들도 재선을 해야 했기에 백악관과 국회 모두 미국 국민들의 공공이익을 수호하는 모습을 보여주어야 했다. 미국의 일부 정계인사들은 일자리를 늘인다는 이유로 무역보호주의를 선도하여 유권자들의 지지를 얻으려 하고 있다.

3. 글로벌 무역의 새로운 방식을 선도하려 한다.

무역보호주의 외에도 미국은 아시아태평양 무역지구에서 중국을 고립시키고 새로운 글로벌 무역판도를 형성시키고자 하고 있다. 이것이 바로 환태평양 경제동반자 협정(Trans-Pacific Strategic Economic Partnership)인 TPP이다.

1994년 아시아태평양경제협력체(APEC) 보고르 정상회담에서 태평양 지역에서 자유 무역과 투자 가능성을 토론했으며 "아시아태평양 자유무역지대(FTAAP)" 건설을 목표로 한다고 결정했다. 2002년 아시아태평양 경제협력체 회원국인 칠레, 뉴질랜드와 싱가포르 세 개 나라는 TPP 담판을 시작했다 이는 FTAAP 목표 실현을 위한 중요한 첫 걸음이다.

2008년 미국도 TPP 담판에 참여했으며 APEC의 FTAAP는 새로운 의미를 가지게 되었다. 2011년 미국 국무장관 힐러리 클린턴은『외교정책』잡지에 발표한『미국의 태평양 세기』라는 글에서 미국은 이미 외교정책과 전략의 중심을 아시아태평양지역으로 이전했으며 TPP는 "아시아태평양으로 복귀" 전략의 일부분이라고 했다.

미국이 TPP를 구성하려는 주요 목적은 중국을 포함하지 않은 전통적인 무역협정의 틀을 벗어난 모든 상품과 서비스를 포함한 종합적인 자유무역협정 실현이다. 2011년 11월 중순, 미국, 브루나이, 칠레, 뉴질랜드, 싱가포르, 오스트레일리아, 페루, 베트남, 일본 등 10개 나라가 TPP 담판에 참여했다. 이 자유무역지대의 생산 총액은 이미 세계 생산총액의 1/3을 차지했다. 미국은 TPP 회원국을 12개로 늘여 8억 명을 상대하는 세계경제 40%를 차지하는 시장을 구축하여 유럽연합의 27개국보다 더 큰 규모의 TPP를 형성하려하고 있다.

TPP는 주요하게 세 가지 문제가 있다. 1. 인권수준 향상과 노동 표준, 2. 환경보호 표준 향상, 3. 지식재산권 보호 표준 향상. 이 세 가지 표준은 경제협력개발기구(OECD)의 표준과 일치하다. 미국은 TPP를 이용하여 미래에 적용되는 아시아태평양지대를 만들려고 할 뿐만 아니라, 이 시스템을 전 세계에서 응용할 수 있는 높은 수준의 무역협정으로 만들려고 한다. 만약 TPP가 성공하면 이는 두 번째 WTO와 마찬가지로 미국이 세계경제 규칙을 제정하는 도구가 된다.

동아시아자유무역지대는 동남아시아 국가 연합 10+3, 동남아시아 국가 연합 10+6과 APEC이 포함된다. 그중 APEC 이외의 두 개 자유무역지대에는 미국이 포함되지 않는다. TPP를 미국이 중국을 겨냥한 글로벌 견제와 균형의 수단으로 볼 수 있다. 비록 오바마가 미국의 궐기를 억제하는 것은 미국의 정책이 아니라고 하지만 TPP를 적극적으로 추진하는 상황으로 미루어볼 때 미국의 글로벌 전략은 이미 "중국과의 협력"에서 "중국에 대한 견제와 균형"으로 바뀌었다 할 수 있다.

2005년 9월 당시 미국 『뉴스위크』 잡지 편집장 Fareed Zakaria는 『미래는 중국의 것인가?』는 글에서 '중국 궐기'에 대한 일반 미국인들의 심리상태를 이렇게 묘사했다. "중국은 미국인들의 자신심을 무너뜨리고 있다. 미국인들은 아름다운 사물을 좋아한다. 하지만 그들의 주목을 끄는 것은 그랜드캐니언, 캘리포니아 레드우드, 슈퍼컴퓨터, 디즈니랜드, 제너럴모터스, 미국 군대, GE, 킹사이즈 햄버거와 스타벅스의 대용량 컵 등과 같이 무조건 큰 것을 좋아한다. 규모가 클수록 미국 사람들은 열광한다. 13억 인구를 가진(미국의 4배) 중국이 점자 큰 규모를 자랑하며 미국의 자존심을 건드리고 있다. 중국의 규모는 매우 크다. 그리고 빈곤하다. 하지만 이런 중국이 점차 변하기 시작한다. 예전에는 아름답기만 했던 큰 나라가 점차 그들을 불안에 휩싸이게 한다. 미국이 두려워하는 '중국 위협'이 현실이 될 것인지 미국 사람들도 모른다."

공정하고 합리적이며 상생의 국제경제 새 질서를 구축하는 것은 향후 오랜 기간 진행되어야할 사업이며 이는 역사의 필연이다. 미국이 세계를 주도하는 상황은 짧은 기간에 변하지 않으며 미국의 글로벌 거버넌스 시스템에서의 영도 작용도 즉시 변화되지 않는다. 이는 세계 제1의 경제실력, 과학기술능력, 혁신능력, 군사능력과 강대한 국가 소프트파워가 뒷받침해주고 있기 때문이다. 때문에 향후 오랜 기간 동안 기존의 글로벌 거버넌스 시스템을 쉽게 대체하는 나라는 없을 것이다. 미국경제의 구조조정과 재건은 세계경제의 패턴에 영향을 미칠 것이며 글로벌 산업패턴과 글로벌 경제 거버넌스 시스템의 혁신에도 큰 영향을 미칠 것이다.

중국: 기꺼이 '안정기'가 되려한다.

세계경제 무대에서 '경제성장의 샛별'로 떠오르는 중국의 지위는 날로 높아지고 있다.

'세계 공장'리하고 불리 우는 중국의 지위는 날로 안정되고 있다. 2010

년 중국의 조강(粗鋼), 시멘트, 전해 알루미늄, 정련동(精煉銅)과 석탄의
생산량은 세계 총 생산량의 44.3%, 60%, 65%, 24%와 45%를 차지했으
며, 화학비료, 비닐, 화학섬유, 유리의 생산량은 세계 총 생산량의 35%,
20%, 42.6%와 50%를 차지했고, 자동차, 선박, 공작기계의 생산량은 세
계 총 생산량의 25%, 41.9%와 43%를 차지했으며, 컴퓨터, 컬러TV, 냉
장고, 에어컨, 핸드폰과 디지털카메라의 생산량은 세계 총 생산량의
68%, 50%, 65%, 80%, 70%와 65%를 차지했다.

경제적 능력이 향상됨에 따라 중국은 글로벌 경제 거버넌스 시스템 개
선에 적극 개입하여 더욱 공정하고 합리적인 국제경제 새 질서를 위해
노력하고 있다.
글로벌 경제 거버넌스 문제에서 중미 양국은 서로 다른 견해를 보이고
있다. 미국은 경제의 글로벌화 시스템에서 새로운 세계경제 질서를 만
들어 세계경제 거버넌스 구조를 지배하며 미국을 선두로 하는 세계경제
성장 패턴을 회복하려고 한다. 반대로 중국은 더욱 광범한 개발도상국
과 신흥경제실체의 입장에서 세계무역기구의 다자간협상 체제에 대항하
고 대체하려는 지역간 무역자유화를 반대하며 더욱 많은 국가의 사람들
이 혜택을 받을 수 있는 글로벌 거버넌스 시스템 구축을 위해 노력하고
있다. 중미 양국의 '게임'은 이미 시작되었다. 지금 상황에서 이번 게임
의 제일 좋은 결과는 아마도 세계적인 포용적 성장일 것이다.

2001년 세계무역 기구에 가입한 중국은 더 깊이 있게 경제 글로벌화에
참여했다. 2011년 중국의 화물무역액은 세계 6위에서 2위로 상승했으
며, 그중 수출액은 제1위를 차지해 7.5억 달러를 기록했다. 총 7,595억
달러의 외국인 투자를 유치하여 개발도상국에서 제일 첫 자리를 차지했
다. 중국의 해외 직접투자는 연 평균 40%의 속도로 성장하여, 2010년에

는 688억 달러를 기록해 세계 5위를 차지했다. 연 평균 7,500억 달러를 수입하는 중국은 무역 파트너에게 대량의 일자리와 투자기회를 마련해 주었다. 중국에 있는 외국기업도 해외로 2,617억 달러의 이윤을 송금하였을 뿐만 아니라 연평균 30%의 속도로 성장하고 있다.

세계경제 글로벌화 과정에서 중국의 참여도가 높아지면서 중국기업도 세계적인 영향력을 지닌 다국적기업으로 발전했다. 리수푸(李書福)의 지리자동차는 볼보자동차를 매입했으며, 류촨즈(柳傳志)의 레노보는 IBM 개인 컴퓨터업무와 통합했으며, 런정페이(任正飛)의 화웨이는 세계 각국에 지사를 두고 있고, 중국공상은행은 남아프리카공화국에서 제일 큰 은행인 남아프리카표준은행의 20% 주식을 샀고, ZOOMLION은 이탈리아의 CIFA회사의 100% 주식을 구매하여 세계에서 제일 큰 콘크리트 기계 제조 공장이 되었다.

2008년 말까지 중국의 8,500여개 투자자들은 전 세계 174개 국가와 지역에 12,000여 개의 해외직접 투자기업을 설립하여 해외직접투자는 총 1,839.7억 달러에 달했으며, 해외 기업의 자산총액은 1조 달러를 넘었다. 중국기업의 해외투자는 험난한 과정이지만 변함없이 선택한 길을 나아가고 있다. 예전의 중국은 해외의 기초시설, 제조업 등 저급 국제 분업에 참여하였다면, 최근에는 장비제조, 전자정보, 금융, 신에너지원 등 높은 부가가치 분야에 투자하며 적극적으로 새로운 국제경제 패턴의 국제 분업에 참여하고 있다.

중국은 대외무역과 해외투자 발전과정에서 국제통화 시스템과 국제무역 시스템의 개혁과 개선에 최선을 다하고 있으며, 원자재 상품가격의 체제형성, 경제 글로벌화 지역경제 일체화를 위해 노력하고 있다. 또한 주도적으로 세계무역기구 도하라운드 협상을 지지하고, 국제 거시경제

정책 협조, 20개국 집단 등 글로벌 경제 거버넌스 시스템에 참여하는 등 자기 능력에 적당한 국제경제 책임을 주도적으로 이행하고 있다.

1. 자신의 노력으로 국제무역 자유화를 촉진시킨다.

세계무역기구에 가입한 후, 중국정부는 적극적으로 "세계무역기구 가입"시 약속한 사항들을 이행하면서 농업, 제조업, 서비스업의 시장 진입을 확대하고, 수입상품의 관세율을 낮추고, 세계무역기구 규정에 부합되지 않는 수입쿼터, 허가증 등 비관세 조치를 취소했으며, 대외무역 경영권을 전면 개방하고 외자 유입조건을 대폭 낮추었다.

2001—2011년 중국 관세는 15.3%에서 9.8%로 하락해 세계무역기구가 정한 개발도상국의 표준보다 낮았다. 파리정치학원 세계경제팀 팀장인 Patrick Maisel(음역)은 중국의 세계무역기구 가입조건은 세계무역기구 역사상 제일 엄격한 조건이었다고 했다.

10여 년 동안 중국은 100여 가지 서비스 무역을 개방하여 신진국 수준에 접근했다. 상하이에 있는 외자은행의 자산규모는 2001년 세계무역기구 가입전의 2,000억 위안에서 2011년 10월 말에는 1조 위안으로 4배 가까이 증가했다. 상하이에 천억 위안 넘는 투자를 한 HSBC, 동아은행(東亞銀行), 스탠다드차타드은행, 시티뱅크, 도쿄미쓰비시은행 등 다섯 개 외자법인 은행 중 시티뱅크의 자산 총액은 이미 2,700억 위안을 넘어섰다. 세계무역기구 가입 시 약속한 사항들을 이행하기 위해 중국정부는 국내 관련 법률과 법규를 대대적으로 수정했다. 10여 년간 중국정부가 정리한 법률 법규와 부문 법규는 2,300여 건에 달하며 지방정부에서 정리한 지방정책과 법규는 19만여 건에 달한다.

중국이 세계무역기구에 가입한 10여 년간의 수입액으로 볼 때, 이는 중국에 상품을 수출하는 국가에 1,400여 만 개 일자리를 만들어 준 것과 같다. 중국에 있는 해외투자 기업은 총 2,620억 달러의 이윤을 해외로 송금했으며, 연평균 30%의 속도로 증가하고 있다. 중국의 해외투자기업은 현지에서 80만 명을 채용하였으며, 매년 투자국에 100억 달러의 세금을 바치고 있다. 미국 골드먼삭스의 연구에 따르면 2000-2009년 중국의 세계경제 기여도는 20%를 넘어 미국보다 높았다. 2009년 중국은 주요 경제실체 중 유일하게 수입이 증가한 나라로 수입총량은 2.8% 증가했다. 글로벌 무역액이 12.9% 줄어든 상황에서도 중국의 수입은 1조 달러를 넘어 세계 제2의 수입대국이 되어 글로벌 경제회복에 큰 기여를 했다. 과거의 세계무역기구는 미국, 일본, 유럽연합과 캐나다로 이루어진 '4자' 결책체제였다. 중국이 세계무역기구에 가입한 후, 세계무역기구는 중국, 인도, 미국, 브라질, 유럽연합, 일본, 오스트레일리아로 구성된 '7자' 결책체제를 형성했다. 신흥개발도상국은 담판을 주도하는 핵심조직에 가입하여 집체 담판능력을 대폭 증가했다. 중국은 WTO 도하 라운드 회담에서 100여 가지 건의안을 제출하고, 주도적으로 각 측의 입장을 조율하는 작용을 하였으며, 더욱 개방된 더욱 공정한 국제무역 환경을 위해 적극적인 노력을 했다.

중국은 다자무역체제 구축을 위해 적극 노력하는 한편 쌍무무역과 지역 경제무역 합작도 적극 추진하고 있다.

세계무역기구에 가입한 10년 동안 중국은 아랍 국가들의 제일 중요하고 제일 안정적인 무역파트너가 되었다. 2010년 중국과 아랍국가 간의 쌍무무역은 1,494.3억 달러였고, 중국은 아랍 국가들에 총 150억 달러를 투자했으며, 아랍 국가들은 중국에 25.8억 달러 투자했다. 중국기업이 아랍국가에 기초시설 건설에 투자한 금액은 925억 달러를 기록했다.

중국은 라틴아메리카 나라들의 주요 무역파트너가 아니었으나 세계무역기구에 가입한 이후 중국은 라틴아메리카의 제2 무역 파트너가 되었다. 중국과 라틴아메리카 간의 무역은 21세기 초에 겨우 150억 달러였지만, 2010년에는 1,830억 달러로 연 평균 28.4% 증가 했다. 중국경제의 쾌속적인 발전은 라틴아메리카의 무역발전에 새로운 기회를 주었다. 라틴아메리카 나라들이 중국과 무역을 시작하면서 단일하게 유럽, 미국과 무역을 진행하던 상황을 벗어났다. UN 라틴아메리카 경제위원회 국제무역과 경제 일체화의 주임인 Osvaldo Rosales는 이번 국제금융 위기에서 라틴아메리카 지역이 먼저 경제가 회복될 수 있는 것은 중국을 포함한 아시아시장이 큰 역할을 했다고 했다.

중국은 아시아의 일본, 한국, 조선, 몽골, 인도와 베트남 등 나라의 최대 무역파트너이다. 중국─동남아시아 국가 연합 자유무역지대는 아시아경제의 일체화를 크게 발전시켰다. 2011년 말 중국은 동남아시아 국가연합의 제1 파트너가 되었다. 2011년 중국과 동남아시아 국가연합의 무역액은 그 전해 동기 대비 24% 성장한 3623.3억 달러로 역사 이래 최고 무역액을 기록했다. 중국은 동남아시아 국가연합의 경제발전에 촉매작용을 하고 있다. 세계 제조업의 주요 기지인 중국은 여러 가지 원자재들을 동남아시아 국가에서 수입한 후 중국에서 완제품을 만들어 다시 미국 등 서방국가로 수출한다. 중국이 동남아시아 국가연합으로부터 수입하는 상품 중 부가가치가 비교적 높은 전기기계제품의 수입이 전체 수입에서 큰 비중을 차지한다. 2010년 전기기계제품 수입총액은 829.4억 달러로 2009년보다 39.4% 성장하여 동남아시아 국가연합 총 수출액의 53.7%를 차지했다. 중국이 이런 상품을 수입하면서 동남아시아 국가연합에 많은 일자리를 만들어 주었다.

중국과 유럽 여러 나라들 간의 무역도 중국이 세계무역기구에 가입하면서 큰 발전을 가져왔다. 지금까지 유럽연합은 연속 다년간 중국의 최대 무역파트너이며 제1 수출시장이고 제2대 수입시장이었다. 다년간 중국은 유럽연합의 2대 무역파트너와 제1 상품수입국이다. 2009년 중국은 러시아를 제치고 유럽연합의 3대 수출시장이 되었다. 2009년 유럽연합은 중국에 세 번째로 많이 투자를 한 지역이다. 2010년 말까지 중국에 투자한 유럽연합 27개 국가의 기업은 총 1,688개로 총 32,944가지 항목에 투자했는데, 총 금액은 745.6억 달러에 달한다. 이와 동시에 중국 기업도 유럽에 투자하기 시작했다. 2008년 중국원양운수집단(COSCO)는 입찰을 통해 그리스 피라우스 항(Piraeus Port)의 컨테이너부두 35년 사용권을 얻었다. 2010년 중국의 지리자동차는 18억 달러로 스위스의 볼보자동차 100% 주식을 사서 중국이 유럽에 투자한 대표적인 사례가 되었다.

2. 국제금융시스템 개혁을 촉진시키다

국제금융위기 이후 세계경제는 회복세를 보이고 있지만, 글로벌 유동의 과잉, 국제통화시스템의 불완전 등 문제가 존재하기 때문에 회복이 빠르지 못하다. 환율과 국제 원재료 상품과 에너지 가격의 대폭적인 파동을 피하고, 글로벌무역의 지속적인 발전과 자본의 규칙적인 유동을 위해 국제금융 시스템의 개혁을 한시도 지체할 수가 없다.

글로벌 금융위기 이후, 중국정부는 국제 금융시스템 개혁을 촉진시켰다. 2009년 G20 런던 정상회담은 세계경제의 낡은 질서가 끝나고 새로운 질서가 나타나기 시작한 시점이었다. 21세기의 첫 위기는 서방 7대 공업국이 세계경제 사무를 결정하는 역사는 더 이상 지속 불가능하다는 점을 재차 증명해 주었다. G20 런던 정상회담이 바로 세계적인 범위에서 위기 해결 방법을 찾는 과정이 되었다. 이번 정상회담 전야, 중국 인민은행 행장 저우샤오촨(周小川)은 기탄없이 말했다. "반드시 어느 주권국과 관련 없는 통화의 장기적인 안정을 유지할 수 있는 국제 준비통화가 필요하다. 이는 이번 금융위기를 해결하면서 나타난 기존의 국제통화시스템 일련의 문제들을 해결할 수 있다." 저우샤오촨의 태도는 어느 정도 중국정부의 입장을 의미한다.

국제 금융시스템의 개혁에 대해 중국정부는 국제통화기금의 지분과 투표권 개혁을 돌파구로 기존의 국제금융시스템을 개혁하고, 개발도상국의 대표성과 발언권을 향상시킬 것을 주장하며, 국제통화기금, 세계은행과 G20개국의 글로벌 거버넌스 플랫폼의 기본 기능을 이행할 것을 요구하고 있다. 또한 이를 전제로 달러 발행을 감독하고 통제하는 효력적인 체제와 방법을 모색하여 안정적인 화폐, 규칙적인 공급, 조절 가능한 국제 본원통화 시스템 구축을 위해 노력하고 있다.

2010년 말, IMF이사회는 IMF지분 개혁방안을 통과시켰다. 만약 이 방안이 IMF 회원국의 동의를 얻게 되면 국제통화기금에서 신흥경제실체와 개발도상국의 대표성을 크게 제고할 수가 있다. 그렇게 된다면 이는 글로벌 금융 거버넌스 체제 개혁의 주요한 성과가 될 것이다.

이 외에도 중국은 기타 국가와 인민폐 상호교환 협정을 체결하여 국제본원통화 시스템 개혁을 추진했다. 2000년 동남아시아 국가연합 10국과 중국, 일본, 한국 세 나라는 통화교환협정인 『치앙마이 이니셔티브』를 체결했으며, 2012년 3월까지 중국은 뉴질랜드, 싱가포르, 아이슬란드, 벨로루시, 말레이시아, 중국 홍콩, 한국 등 19개 국가·지역과 통화교환협정을 체결했는데 총 금액은 1조 6,000억 위안에 달했다.

중국은 기타 국가·지역과 통화교환협정을 체결하여 국제통화시스템이 무질서한 현 상황에서 한 지역 내의 상호 교환이 가능한 통화망을 구축하였다. 이는 중국이 대국의 책임을 발휘하여 지역 화폐의 안정을 도모하려는 결심과 공헌을 말해준다. 이와 동시에 2012년 6월부터 중일 양국은 직접 화폐교역을 진행하기로 했다. 미국 달러에 대한 의존도를 낮추어 달러가치 하락의 위험을 피하고 국제 금융시장의 안정에 유리하다.

3. 더욱 공정하고 합리적인 국제경제 새 질서 구축을 촉진시키고 있다.
2000년 전 세계 150여 명의 국가 정상들은 뉴욕에서 열린 UN새천년정상회담에 참석했다. "21세기 UN의 작용"이 이번 회의의 주제였다. 당시 유엔 코피아난 사무총장은 2015년 전까지 10억 인구의 빈곤퇴치를 위해 세계 여러 나라에서 적극적으로 노력해 줄 것을 요구했다. 하지만 새천년 정상회담의 결의는 21세기 첫 10년 사이에 결실을 맺지 못했다. 세계 각국의 경제발전은 더욱 불균형해졌고, 선진국과 개발도상국의 빈부 차이는 더욱 심해졌다. 1990년 세계 고수입 국가의 1인 평균 국민 총수입은 저수입국가의 64배였지만, 2009년에 이르러 75배로 증가했다.
개발도상국의 이원구조가 점차 형성되기 시작했다. 21세기 첫 10년간 개발도상국은 중등수입국과 저수입국가로 나뉘어졌으며, 빈곤 국가는 서로 다른 그룹으로 분화되고 있다. 1990년 중저수입 국가 그룹의 평균 국내생산총액(GDP)는 저수입 국가 그룹의 23.6배였고 2009년에 이르러 39.4배로 늘어났다.
새천년정상회담 이후, 중국은 자신의 약속을 성실하게 이행했으며, 더욱 평등하고 더욱 균형적인 새로운 글로벌 발전 파트너 관계를 위해 글로벌 남북대화를 강화했다. 근 10년간 중국은 총 1,700억여 위안의 각종 지원금을 제공했고, 50개 주요 채무가 있는 가난한 국가와 제일 가난한 국가의 300억 위안의 만기채무를 면제해주었으며, 중국과 정식 외교관계를 수립한 제일 가난한 국가의 97% 상품에 제로관세를 실시하기로 했다. 또한 173개 개발도상국과 13개 지역 국제조직에 6만여 명의 인재를 배양해주어, 수원국의 자주 발전능력을 강화시켜주었다.

중국은 세계적인 범위의 남남협력을 중시했다. 중국-아프리카협력포럼이 바로 중국과 아프리카 여러 국가 간의 다자 대화기구이다. 2000년 중국-아프리카협력포럼 제1차 장관급회의가 베이징에서 개최된 이래, 12년 동안에 5차례의 장관급 회의를 가졌다. 현재 포럼 회원국은 48개로 늘어났다. 회원국들 간의 무역, 투자, 금융, 농업, 자원, 관광, 교육, 과학, 문화, 위생 등 방면에서 합력도 활발히 진행되고 있다. 중국은 세계에서 제일 큰 개발도상국으로 UN새천년 발전목표에 따라 자신의 국제적 의무를 충실히 이행하며 국제적 남북 불균형을 줄이기 위해 노력하고 있다.

미래: '공유'의 실현

경제의 글로벌 시대에 세계 각국의 경제는 서로 긴밀한 연관성을 가지고 있다.

글로벌 금융위기가 발생하기 전, 자유와 시장의 가치관은 세계적으로 유행했다. 하지만 위기가 발생한 이후, 정부의 경제정책 개입이 다시 나타나기 시작했다. 후 위기시대, 세계경제 회복 과정에서 정부 간의 경쟁과 승부는 기업의 경쟁보다 중요하게 되었다.

유럽, 미국 등 서방 선진국정부는 자국의 국내 각 산업에서 날로 존재감이 줄어드는 공업과 국제시장 경쟁력에서 줄어드는 자국의 일부 공업품의 경쟁력을 회복하기 위해 '재공업화' 전략을 제기하였다. 그들은 공업을 국내에서 '복귀'하도록 하여 본국의 제조업의 고속 성장을 도모하고 있다. 2009년 미국 오바마 정부는 미국의 공업제조업을 다시 진흥시켜 미국을 수출지향형으로 바꾸어 경제를 발전시키려 하고 있다. 같은 해, 독일정부도 '새로운 공업화'를 활성화시켜 전통제조업을 진흥시키려 하였다.

서방 선진국의 전략이 조절되면서 국제 공업산업 분업의 제일 하층에 있는 선진국 시장에 의존하여 경제를 발전시키고 있는 개발도상국들의 경제는 낙관적이지 못하다. 유럽 국제정치경제센터(ECIPE) 센터장인 Fredrik Erixon은 2008년 국제금융위기가 일어난 후 중국과 유럽 간의 무역도 큰 변화가 일어났다고 했다. 중국에서 유럽연합으로 수출하는 경공업 상품 량은 대폭 하락했다. 유럽은 '무역방어공사'를 증가시켜 유럽의 기업들이 중국 기업들과의 경쟁에서 우세 할 수 있게 하고 있다.

이런 상황에서 중국정부는 적절한 시기에 국가경제 발전전략을 변화키기 위해 대외무역 성장 방식 전환을 제기했다. 중국은 새로운 국제산업 이전을 기회로 가공무역의 업그레이드를 촉진시켜 글로벌 가치 사슬에서 분업적 지위를 재조정했다.

중국 가공무역의 절반이상을 완성하는 장쑤(江蘇)성은 '대외무역 풍향계'라는 별칭을 가지고 있다. 해외시장이 침체되어 해외의 수요가 줄어들고 국제경쟁이 날로 치열해지며 무역 마찰도 부단히 격화되고 있는 상황에서 노동력, 원자재 등 생산원가도 높아지고 있다. 이런 상황에서 다년간 낮은 원가와 하층 생산 분업으로 외주 생산을 완성하는 것이 우세였던 장쑤성의 경쟁력도 날로 하락해 갔다. 2012년 상반기에 장쑤성 대외무역은 연속 4~5년간 "쇠퇴형 무역 적자"를 기록했다. 2012년 1~6

월 까지 장쑤성의 수출입 성장은 전국 같은 시기 대비 6.6% 낮았고, 수출은 5.1% 낮아 연해지역의 5개 성시와 많은 차이를 보였다. 그중 수입은 2.4% 줄어들어 연해 5개 성시 중 제일 큰 하락세를 기록했다. 중국의 해외무역에 있어서 큰 성인 광둥지역은 장쑤성과 같은 처지에 직면했다. 이런 상황에서 중국 중앙과 각 지방 정부는 일련의 정책으로 전통 가공기업의 전환과 업그레이드를 촉진시키고 있다. 또한 기업의 세금 부담을 줄여 관련 국제경쟁에서 우세를 차지하게 하고 있다. 정부는 생산, 학습, 연구 활동을 지지하여 새로운 경쟁의 우세를 꾀하고 있다.

세계경제는 향후 긴 시간에 시스템 조절을 하게 되며, 경쟁과 협력이 공존하지만 상호간 마찰도 자주 나타날 것이다. 세계경제는 새로운 경제성장 전략을 조절하면서 천천히 회복될 것이며, 세계경제 패턴의 심각한 변화와 더불어 선진국과 신흥경제실체간의 경쟁도 계속 지속될 것이다. 선진경제 실체와 신흥경제 실체 및 개발도상국간의 수많은 경쟁 중 중국과 미국 간의 경쟁이 주요 경쟁이다.

2009년 G20 런던 정상회담 기간에 전 세계는 중국과 미국이 협력하여 글로벌 경제를 회복해 주기를 희망했다. 그 순간 세계의 주요 매스컴, 전문가, 학자들 심지어 정부 인사들은 G2의 개념을 떠올렸다. 필자는 개발도상국인 중국은 G2라는 타이틀이 가져다주는 무거운 국제적 책임을 감당할 능력이 아직 없다고 본다. 세계경제의 문제는 반드시 세계 각국이 힘을 모아 함께 해결해야만 한다.

중국은 미국의 제일 큰 채권국이며, 미국은 중국의 제일 큰 무역 파트너이다. 두 나라는 경제와 사회의 각 분야에서 밀접히 연결되어 있다 비록 중국의 국제 영향력이 날로 향상되고 있지만, 국가의 본질은 여전히 개발도상국이다. 국제금융위기는 '세계 공장' 중국에도 큰 영향을 미쳤다. 중국의 경제패턴 전환과 업그레이드는 하루아침에 완성될 수 없다. "세계의 신발 도시"라고 불리는 둥관은 2011년 이후 심각한 곤경에 처했다. 유럽과 미국 시장의 신발과 복장의 주문이 점차 줄어들고 있다. 예전 성탄절 때는 주문이 많은 계절이었지만 2011년 유럽으로 수출하는 물자를 실은 선박의 적재율은 50%정도이고, 아메리카도 80% 정도에 그쳤다. 비록 중동, 라틴아메리카와 아프리카 시장의 주문량이 늘어났다고는 하지만 줄어든 유럽과 미국의 주문량을 보충하기에는 어림도 없었다. 때문에 이번 승부의 제일 좋은 결과는 세계적인 '공유형 성장'을 실현하는 것이다. 즉 기존의 글로벌 경제 거버넌스 시스템의 기초에서 조절과 개혁을 거쳐 개발도상국이 더 많은 발언권을 가져 경제 글로벌화와 경제발전의 성과를 모든 나라와 지역 사람들이 함께 공유할 수 있는 지속가능한 발전과정에서 경제사회의 조화로운 발전을 실현하는 것이다. '공유형 성장'의 핵심은 '공유'이며, 발전이 불균형하고 이익 패턴이 다원화된 사회에서 더욱 많은 사람들에게 평등한 발전환경과 공정한 경쟁을 위한 무대를 마련하는 것이 목표이다. 이는 189개 나라가 UN에서 약속한 사항이다. 중국은 항상 이 약속을 명심하고 있다!

결론과 전망

결론과 전망

'경(競)'과 '합(合)': 글로벌 패턴의 미래

1980년대 중기 이후, 경제 글로벌화와 정보통신기술이 급속히 발전하는 상황에서 '경합'은 세계경제의 발전추세가 되었다. 서로 경쟁 상대이기도 하면서 협력 파트너이기도 한 각 경제실체는 합작과정에서 경쟁하는 일도 부단히 격화되고 있다. 각 지역 내 혹은 여러 지역 사이의 특혜무역협정과 세계무역기구는 '경합'이 진행되는 거시적 플랫폼 역할을 한다. 21세기 첫 10년간 글로벌 시장시스템에서 경합패턴은 새로운 변화가 나타났으며, 일부 주요 특징들이 새로 나타났다.

글로벌화의 조건에서 발생한 산업 이전은 글로벌 생산 패턴을 바꾸어 놓았다. 글로벌 산업의 조정은 일부 전통 산업뿐만 아니라, 신흥 산업의 이전을 말하며 산업구조의 국내 조절 뿐 아니라 글로벌 조정을 의미한다. 이번 조정은 선진국이 노동과 자원 집약형 산업을 개발도상국이나 신흥 경제실체로 이전하였는데 여기에는 고급기술 산업의 노동집약형 생산부분도 포함된다. 이는 첨단기술의 산업구조 조정으로부터 산업이전은 전반 산업의 이전을 의미할 뿐만 아니라, 한 산업의 부분 생산 파트가 다른 나라에서 완성되고 있음을 말한다. 수출하는 측은 경영과정에서 핵심기술 연구에 전념하고, 생산의 핵심 업무를 장악한다는 전제하에 기타 기술함량이 높고 높은 부가가치의 생산이나 서비스를 위탁 가공하는 방식으로 생산의 이전을 완성하여 새로운 유형의 외주 가공무역을 형성했다. 경제 글로벌화를 이용하여 완성하는 산업 구조조정은 동일 산업 내의 무역을 형성케 하였으며, 이는 새로운 생산시스템을 만들어가고 있다.

경제 글로벌화에서 서로 다른 경제 실체의 핵심 경쟁력이 다르기에 다원화 모습을 보이고 있는 것이다. 선진국 경제실체의 첨단기술 산업의 우세는 핵심경쟁력 때문이다. 21세기 첫 10년 사이에 새로운 세계경제 상황이 나타났다. 일부 국가의 첨단기술이 세계 앞줄을 차지하지 않고는 있지만, 상품의 대량생산을 통해 원가를 낮추어 좋은 발전을 가져왔다. 이런 국가의 경쟁력은 바로 첨단기술 상품의 낮은 원가 때문이다. 신흥공업화 경제실체의 IT공업은 낮은 원가 혹은 세계를 아우르는 서비스망을 주요 경쟁력으로 하여 기타 국가의 상품을 전 세계로 판매할 뿐만 아니라, 세계 산업 분업에서 일부 생산 파트를 대량생산을 통해 빠른 경제성장을 가져오고 있다. 총적으로 본국의 자원에 의거하여 실정에 적합하게 본국의 우세를 적절하게 발휘하여 경제 글로벌화에서 본국에 알맞은 특색 있는 핵심 경쟁력을 형성할 수 있다.

21세기 첫 10년에 글로벌 경제 강국의 실력은 지배력으로 표현되었다. 글로벌화 과정에서 글로벌 자원(석유, 인재와 자금 등)의 흐름과 글로벌 경제 생산품의 흐름(전략적 상품과 첨단 상품의 판매 흐름)을 통제하고 상품의 표준과 새로운 상업규칙을 제정하는 것을 주요 능력으로 글로벌 자원을 통제, 통합 조절하여 자신에게 이롭게 이용하는 국가가 바로 진정한 강국이다. 첨단기술 혁신을 기초로 세계적 자원의 흐름과 경제 생산물의 흐름을 통제하는 방법으로 자신에게 유리한 규칙을 제정하여 세계경제 활동에서 자신의 근본이익을 보장할 수 있는 나라가 글로벌화의 최대 이익을 가져가게 된다.

21세기 첫 10년 사이 세계 각국의 경제발전의 불균형, 산업 무역구조의 경쟁, 지역 무역 집단의 충돌, 무역 이익 배분의 모순 및 경제무역 문제의 정치화 등은 국제무역 보호주의를 악화시키고 있다. 이번 국제금융위기 이후 무역 보호주의는 세계적인 범위에서 더욱 거세차게 몰아치고 있다. 21세기 첫 10년간 지역 협력이 발전하기 시작하면서 국제경제의 패턴은 큰 변화를 가져왔다. 세계무역기구 2003년 멕시코 칸쿤 정상회담이 실패한 후 정상회담은 한동안 중단되었다. 2004년 8월 1일 세계무역기구 회원국들은 새로운 다자무역 담판을 재개할 프레임을 짰지만, 원칙이 명확하지 않고 각 회원국은 농업, 비농업 시장 진입허가 표준 등 방면에서 큰 의견 차이를 보였다. 2006년 각 회원국은 도하라운드 담판을 중단했다. 이런 상황에서 근년에 나타난 지역별 무역회담이 지역경제 무역협력의 발전을 이끌었으며, 새로운 세계경제의 추세가 되었다. 최근 개발도상국을 위주로 한 글로벌적인 남남협력을 기초로 진행되는 담판 그룹(중국, 인도, 브라질 등)의 영향력은 점차 커지고 있다. 이런 방법으로 여러 나라가 더 큰 시장, 더 큰 발전 가능성을 가지게 하여 국제경제의 지위를 높여주고 있다. 이런 변화는 세계경제 패턴에 큰 영향을 주었다.

20세기 첫 10년의 발전을 거쳐 개발도상국은 중등수입국과 저수입국, 심지어 빈곤국 등으로 분화되었고 이런 분화는 계속 심각해지고 있다. 세분화된 국가 간의 차이는 서로 다른경제 발전에 대한 견해, 다른 정책, 다른 경제관계로 나타난다.

개발도상국의 하나인 중국은 세계에서 제일 큰 개발도상국이다. 중국과 선진적인 공업화 국가와의 경쟁은 대부분 상대국의 사양산업에 국한되어 있기에 치열한 경쟁 같지만 상호 보충하는 관계이다. 하지만 같은 개발도상국과의 관계는 합작과정에서 경쟁을 하는 상태로 전화되고 있는데, 이런 경쟁은 더욱 많아지고 있다. 중국과 기타 개발도상국은 경제구조, 천부적 자원, 요소 저장량, 요구 단계, 과학기술 등 여러 방면에서 큰 차이가 없으며, 서로 보완하고 의존할 수 있는 점이 적다. 때문에 중국과 기타 개발도상국과의 경제관계에 있어서 이익으로 인한 협력 외에도 해외자금 유치, 국제지원 확보, 특히 수출시장 쟁취과정에서 이해 충돌이 있기에 경쟁하는 구도가 형성된다. 경제발전이 서로 다른 단계에 있기에 국가와 지역은 이런 충돌과 모순을 직시하고 문제를 해결하여 새로운 이원론적 구조가 경제발전에 미치게 될 부정적인 영향을 극복하기 위해 노력하고 있다.

종합적으로 경합관계는 국제경제 활동경쟁의 필연적 관계이며, 세계경제 발전 전반 과정과 동반된다. 경쟁자 간의 관계도 기존의 단순한 적대관계에서 일정한 협력을 하는 관계가 동반된 관계를 형성했다. 경쟁자 간의 협력에도 상호 경쟁이 동반된다. 경쟁과 협력을 통해 문제를 해결하고 경쟁과 협력과정에 발전이 이루어진다. 경제적 경쟁은 경합에 참여하는 모든 이익 주체가 경쟁과 협력을 통해 혜택을 얻는 결과를 가져오게 될 것이다.

'개(改)'와 '혁(革)': 중국 요소의 미래

2012년 6월 24일 모든 중국 사람들은 이 날을 기억하고 있을 것이다. 바로 이날 중국 선저우 9호(神舟九号) 유인 우주선이 수많은 중국인들의 우주비행 꿈을 싣고 하늘로 날아올랐다. 끝없는 우주에서 선저우 9호는 텐궁 1호(天宮—号) 우주선과 도킹을 완성하였다. 같은 날 중국의 자오롱호(蛟龍号) 유인 잠수정은 수심 7,020미터 깊이로 잠수하였다. 백여 년간 조용하던 '중국의 용'이 다시 한번 자신의 위용을 전 세계에 알렸던 것이다. 바로 이날 오랜 역사를 간직하고 있는 '동방의 거룡(東方巨龍)'은 바다 깊이 잠수했다가 하늘높이 날았다!

중국 사람들의 꿈은 하늘을 날고 바다를 탐색하는 것만이 아니다. 그들은 신비롭고 아름다운 지구를 이해하고 이 지구의 경제활동에서 자신의 시야를 넓히고 자신의 담력을 키워 세계경제 발전과정에서 난관을 헤치며 중국의 아름다운 미래를 열어 가려한다. 21세기 중국의 변함없는 개혁과 개방정책이 바로 이들이 세계를 대하는 태도이다.

세계경제의 개발도상국인 중국의 미래 발전방향과 그가 직면한 국제경제와 정치 환경은 중국의 지난 세대, 현 세대, 차세대에 향후 계속 부단히 노력해야할 방향을 제시해주고 있다.

중국은 응당 개발도상 중 대국의 책임감을 명확히 하여 국내경제를 발전시키고 각항의 개혁을 심화시켜야 한다. 중국은 응당 평화와 균형을 위한다는 마음가짐으로 G20 정상회담의 의제를 제정하고, 도하의 담판이 이행될 수 있도록 노력을 아끼지 말아야 할 뿐만 아니라, 중국과 개발도상국의 이익을 보호하고 "대국은 관건이고, 주변 국가는 주요하며, 개발도상국은 기초이고, 다자간 담판은 무대이다"라고 하는 원칙으로 각종 국제·지역의 경제무역합작조직에 참여하여 글로벌과 지역의 조화로운 종합적인 발전전략의 실시를 위해 노력해야 한다.

사람들은 "역사 속에서 미래를 읽어라"라고 한다. 중국 개혁개방 30년의 발전, 국제무역기구가입 후 10년간 이룩한 놀라운 성과는 중국의 가능성을 전 세계에 알렸으며, 중국 사람들에게 자신감을 더해주었다. 21세기 지구는 작은 마을과 같다. 중국은 강대하고, 부유하며 문명한 마을의 주민이 되어 지구촌의 발전을 위해 노력을 아끼지 않을 것이다. 중국이 세계에 가져다준 주요 공헌은 지난날의 '4대 발명'보다 더 크게 오늘과 내일의 세계적 발전을 위해 공헌일 것이다.

"포(包)"와 "용(昝)": 세계경제의 미래

사람들은 국제정치의 기초는 강권이고, 국제경제의 기초는 이익이라고 한다. 이익의 개입이 있기에 각국의 경제협력과 치열한 경쟁은 때로는 종이 한 장 차이이다. 인류 역사상 이정표가 되는 사건들은 생산력의 변혁과 함께 일어났다. 4대 발명은 전 인류문명의 진보를 가져다주었을 뿐만 아니라, 고대중국의 번영과 발전을 말해주고 있다. 인터넷의 발명은 "자동차 위의 민족"인 미국을 "인터넷의 민족"으로 진화시켰다. 오늘날 지식을 기초로 하는 경제는 경제활동 참여자들을 육체노동자과 정신노동자로 분류하고 있다. "정신노동자는 사람을 다스리고 육체노동자는 사람의 지배를 받는다"는 중국의 옛말은 오늘 날 세계경제의 새로운 완성에서 새로운 의미를 가지고 있다. 세계의 선진국과 개발도상국의 "중심—외곽"의 정의는 과학기술 혁명에서 다시 한 번 각인되었다.

세계경제의 변혁 속에서 "중심—외곽"으로 분리되는 현상이 나타났다. 우주항공기술, 정보통신기술, 생명공학, 핵자이용 등 20세기 인류의 위업은 하늘과 땅과 어울려져 있고 현미경 하의 세상과 이어졌다. 지식에 기초한 경제가 이익을 창조하고 분배하는 과정에 형성된 20세기 과학기술의, 이익 구조인 "중심—외곽" 구조는 언제나 외곽에서 중심으로 향하는 움직임을 보여주는 듯했다. 그 결과 재부는 한편에 모이고, 빈곤은 다른 한편에 남겨지게 되었다. 개발도상국이 경제목표를 정할 때 저도 모르게 "선진국의 오늘을 자신들의 미래"라고 생각하며 분투한다. 사실상 선진국의 향락사상으로 자연을 파괴하면서 대량의 자원을 소모하는 생활방식을 많은 개발도상국이 따라할 만한 방식은 아니다. 선진국 혹은 인류는 자신과 후대를 위해 지속가능한 경제발전 목표와 전략을 제정해야 한다.

21세기 첫 10년 사이에 인류는 세계적인 글로벌 금융위기를 겪었다. 아직도 금융위기의 영향은 완전히 가시지 않았다. 유럽 여러 나라는 여전히 부채위기에 시달리고 있다. 그리스의 유로존 탈퇴 가능성이 제기되면서 유럽연합의 안정에 큰 타격을 주었다. 모든 유럽연합 회원국은 스페인 지원계획에 관심을 두고 있다. 포르투갈, 스페인, 이탈리아 등 여러 나라의 주권신용등급은 연속 하락하고 있다. 이렇게 유럽 국가는 여러 가지 시련을 겪고 있다. 독일을 위주로 하는 서유럽국가는 지중해지역 국가의 부채를 책임지려 하지 않아 유럽경제의 불경기는 호전을 보이지 않고 있다. 대서양에 위치한 미국의 경제도 그리 낙관적이지 않다. 유럽경제 쇠퇴의 영향이 부단히 커지면서 미국경제 회복에도 부정적인 영향을 미치고 있다. 미국 가정의 순자산이 대폭 줄어들고 부채부담도 날로 늘어나고 있다. 경제발전 방식을 조정하고 경제발전 방식의 변화가 이루는 것이 신흥경제실체가 공동으로 직면한 문제이다. 심각한 대외무역 형세는 신흥경세실체의 어려움을 증가시키고 있다.

지난 세계경제의 역사는 세계경제의 활동에서 국제경제 관계가 질서가 있는 것은 무질서보다 좋다는 것을 알려주었다. 새로운 국제경제 질서의 기초는 기존의 질서이다. 새로운 국제경제 질서는 기존질서의 개선을 통해 이루어지며, 양적 변화에서 질적 변화가 나타나는 점차 변환되는 과정이다. 이런 변화과정은 사람들의 선의적인 의지로 변화된 것이 아니라 이익과 실력의 타협이 이루어낸 결과이다. 오늘날의 세계경제와 국제관계는 당연히 선진국의 주도하에 진행되고 있다. 하지만 이런 상황에서도 개발도상국의 경제실력도 점차 강대해지고 사회경제생활에 대한 사람들의 요구가 다양해지면서 국제경제관계에서 "중심—외곽"의 구조도 따라 변하게 된다.

미래경제의 발전추세는 경제의 완만한 회복과정이다. 조정은 향후 상당이 긴 시간동안 지속될 것이며, 경쟁과 협력이 병존하는 세계에서 경제무역 마찰은 세계경제의 일반 상황이 될 것이다.

지금의 세계는 환경문제, 빈곤문제, 글로벌 남북차이 문제, 민족문제 등 여러 가지 문제가 있다. 모든 사람들의 지혜로 각종 문제를 해결해야 하며, 전 세계 인민들이 힘을 모아 이들 문제를 극복해야 한다. 이런 문제들을 해결하는 제일 좋은 방법이 바로 "공유형(포용형) 경제성장"이다. 이는 세계 범위에서 자원의 최적화 배치를 완성하여 빈부차이를 줄이고 복지의 공유를 실현하여 경제의 지속적인 성장을 이루어 사회와 환경의 '쌍 적자' 문제를 근본적으로 해결하는 것을 말한다. 남아프리가 공화국의 첫 흑인 대통령이며 남아프리가 인민들이 '남아프리카의 국부'라고 존칭하는 넬슨 만델라의 말로 책을 마무리 하려 한다.

"나는 백인의 통치를 반대하는 투쟁을 했다. 또한 흑인통치를 반대하기도 했다. 나는 모든 사람들이 조화롭게 생활하며 모두에게 평등하게 기회가 주어질 수 있는 민주사회의 이상이 소중하다고 본다. 나는 이 이상을 위해 살기를 희망하며 이 이상이 실현되기를 희망한다. 만약 필요하다면 나는 이 이상을 위해 몸을 바칠 준비가 되어 있다."(1964년 4월,

리보니아 재판 피고석에서 한 만델라의 진술)

어디에서 태어나든 어떤 피부색이든 사람은 태어날 때부터 평등하다. 사람들은 응당 평등한 권리를 가져야 하며, 태양, 빗물, 재부, 웃음소리…… 등 생존의 즐거움을 공유해야만 한다.

참고문헌

黄卫平, 刘一姣.『入世十年, 中国改变世界格局』, 社会观察, 2012(1)

黄卫平, 朱文晖.『温特制: 美国新经济与全球产业重组的微观基础』, 美国研究, 2004(2)

黄卫平, 丁凯.『2010年世界经济形势回顾与展望』, 当代世界, 2011(1)

黄卫平.『世界经济格局的变化与中国经济发展』, 理论视野, 2011(1)

黄卫平, 宋晓恒.『应对气候变化挑战的全球合作框架思考—写在哥本哈根会议开幕之际』, 经济

黄卫平, 丁凯.『对深化经济增长模式变革的再思考』, 学术前沿, 2010(36)

黄卫平, 刘一姣.『2010:影响中国经济的新思考』, 人民论坛, 2010(36)

黄卫平.『世界经济格局的变化与中国经济发展』, 理论视野, 2011(1)

黄卫平等.『看不懂的世界经济』, 베이징: 经济日报出版社, 2008

黄卫平.『世界经济: 竞合格局的变化』, 经济界, 2007(5)

黄卫平, 胡玫.『美国次贷危机: 对世界经济格局的再思考』, 美国研究, 2009(2)

丁凯, 黄卫平.『次贷危机后的中国产业发展模式选择』, 江淮论坛, 2012(3)

胡玫, 黄卫平.『升值压力下对人民币汇率问题的几点思考』, 国际贸易, 2010(6)

裴长洪, 王宏淼.『入世十年与中国对外贸易发展』, 中国经济时报, 2011-12-09

张燕生.『全球经济失衡与中美的调整责任』, 当代世界, 2012(2)

张燕生.『关于全球经济失衡的探究』, 宏观经济管理, 2011(1)

朱光耀.『推动国际金融体系改革, 建立国际金融新秩序』, 中国财政, 2010(3)